Preface

作者序

愛情，有沒有道理？

在感情的世界裡，時間就是陪伴！

用件香奈兒禮服就能得到的感動，是愛情？

用一夜放縱激情就能得到的快感，是愛情？

愛情從來不在金錢、華服、豪宅、頂級房車裡頭落腳，

它只在眼神、心跳、細膩觀察、默默體會、靜靜陪伴中開枝散葉。

馥眉在自己與身邊朋友的愛情中，發現許多浪漫的愛情配方，一塊完整的、私密的回憶，就是一帖浪漫配方。

回憶並不等於記憶，如果記憶屬於客觀，回憶便是主觀。

不過，話說回來，在認知心理學的研究中，一再告訴世人記憶有多麼不可靠，

所謂的記憶，說穿了只是人不斷「再建構」下的結果。

記憶尚且如此，我們又何苦為難自己，

老是困在「這段回憶的真實性有多少」裡？

關於愛情的記憶，一切由自己說了算！

請記住，愛情回憶是私密的，

不需要跟任何人交代，也無需獲得任何人的認同。

什麼是藝術品？

一幅畫被畫家完成時，只是個半完成品，唯有透過觀者的解讀，在觀者心中產生層層漣漪後，這幅畫才算真正完成。

一幅畫被創作出來的過程，我們並不一定能夠幸運參與，命運之輪卻很大方，它總是會邀請我們一同走進愛情迷宮中，拋開理智，如畫家傾注生命所有熱情般盡情揮灑。畫作不會因為畫家離開或消亡，而消逝其光芒；愛情，其實也是。

「愛情記憶」是那幅畫作、藝術品，充其量只是個半完成品，唯有透過我們自己對它的解讀，不斷對它進行反思，記憶必須昇華成「愛情回憶」，才能發散出耀眼奪目的愛情光芒……

每一段愛情回憶，都是一帖完整的愛情配方，能夠幫助我們更加精準地接住下

Preface
作者序

段愛情或幸福。

每一個存在我們腦中的「愛情想法」，則是一帖愛情配方底下的「一味魔法素材」。

這本書，仔細紀錄了浪漫戀情，有些素材放得重點，有的下得輕些，每個人都應該擁有屬於自己的愛情配方，而每段戀情，也都能創造出不同的愛情回憶！

最後，我想在這裡感謝媽咪、金城妹子、葳、貞、張先生、業務部同仁……謝謝你們。

因為寫了愛情，所以最後的最後，有四句話想送給每一位親愛的讀者們，也祝大家都能幸福！快樂！

心在，人也在，這是愛情的完美狀態

心在，人不在，雖有遺憾，但心有所歸，也不算太壞。

心不在，人在，這是何苦？

心不在，人也不在，這是自由。

CONTENTS

CONTENTS

CHAPTER 1

愛情，原來一直都在

玻璃罐裡的微笑

前往英國的飛機要坐十幾個小時，他一張張看，一張張讀，直到飛機快降落時，他才全部看完。接著，他把袋子裡所有的一張張紙條，用掌心撈起，輕輕灑進玻璃罐子裡，一小把、一小把，直到罐子漸漸滿起來，一如他心……

艾晴有個一般人用來裝紙摺星星的透明玻璃罐子，裡頭裝滿白色紙條，紙條摺疊的方式就像日本人綁在許願樹上的模樣，摺疊的很整齊、很仔細，中間打個結，有人說像勾勾，有人說像微笑。每張紙條裡頭，都用黑色簽字筆，寫下一個個可愛的字，字體有點圓圓的，是屬於夢幻女孩的字跡。上頭寫著：

十月十五日，華納威秀，電影賽德克巴萊。他說，這部片子不錯，很高興我們一起去看了。

十二月二十日，文化大學情人坡，看夜景。今天他什麼都沒說，我們靜靜坐著看夜景，可是感覺比說了好多話更開心！想到之前他很擔心沒話聊，還在社群網站上留言給我，拜託我要是聊到沒話題，一定要幫他想些話題。結果我回他一句，你以為約會是在錄製綜藝節目喔？他回個不好意思的微笑。

二月十五日，師大夜市，吃牛排。我們什麼話都說不出來，整個人像泡在眼淚裡面移動一樣，好想哭。

書哲坐在前往英國留學的飛機上，把星星罐子裡的紙條，一張張小心翼翼打開，仔細閱讀，一遍又一遍，直到幾乎快要背下來，才又把紙條重新折好，先放到一個袋子裡。前往英國的飛機要坐十幾個小時，書哲一張張看，一張張讀，直到飛機快降落時，他才全部看完。接著，書哲把所有袋子裡的一張張紙條，用掌心撈起，輕輕灑進玻璃罐子裡，一小把、一小把，直到罐子漸漸滿起來，一如他心……

收好罐子，抱著罐子下飛機後，書哲立刻撥打電話，電話只響了一聲，馬上被人接起，彷彿對方一直手握著手機，正在等待這通電話。

「喂，書哲，是你嗎？你平安到美國了？」對話那頭響起艾晴溫溫軟軟的聲音。

「對，我到了，多虧妳幫我準備的禮物，我的飛機恐懼症居然沒什麼發作，只在一開始起飛時呼吸有點喘！」書哲微笑，胸口很暖。「真的嗎？太好了！」艾晴開心的笑聲傳進他耳裡，讓他也跟著擴大微笑。「本來我好擔心，怕你挺不過飛機起降，也怕你在飛機上會無聊，我把自己的寶貝借給你，你可要好好收著它們喔……」

幸福金鑰

§ 泰國片《愛在暹羅》The Love of Siam（2007）：「如果真的愛一個人，怎能不害怕和他分離，然而我們必須接受現實。於是，我們成長……」

用「心」的旅行

她心底有悲傷，也有很多的不捨，可是這些沉甸甸的情緒，被外表柔弱的她輕輕壓進心底深處，就好像她看見了他的痛苦，體會到他的渴望，但關於自己的痛苦，她假裝毫無所覺……

偶然的機會下，在電視上看到一則動人的愛情故事，說不定讀者們也曾經造訪過她的民宿，聽過這個動人的故事。癌症病重、全身無力的男友，在病魔的摧殘下，早已身乏體虛，鎮日被關在病房之中，他心中最大的渴望便是能出去走走。

只是，以前能到處走走看看的希盼，幾曾何時竟成了不可能的奢求？旅行，曾經是提起行囊便能辦到的事，如今卻成了令人心痛的不可能，其中轉變尤叫人噓唏不已。始終陪在男友身邊的她，將男友的落寞點滴看在眼裡，她心底有悲傷，也有很多的不捨，但這沉甸甸的情緒，被外表柔弱的她輕輕壓進心底深處，就好像她看見了他的痛苦，體會到他的渴望，但關於自己的痛苦，她假裝毫無所覺，或者知覺到，但她無暇看顧自己的心，一心只想滿足他眼中飄浮著的渴望。她要怎麼讓病重的男友，能夠去旅行呢？

觀看電視的同時，彷彿可以體會到她當時的焦心，連觀者也忍不住跟著焦急起來。然後她緩緩開口，說出她如何帶著病重的男友去旅行。她幫他穿戴好所有衣物，推著輪椅，告訴他。「旅行不一定代表要到很遠的地方啊，我們今天的旅行就到巷子口的便利商店，然後再回來，這就是我們的旅行，最棒的旅行喔……」

幸福金鑰

§旅行的意義有時候不在可以跑多遠，而是能夠進到靈魂多深之處……

十年的愛情記錄片：10G的照片

「不要拍了啦！」他總是微微皺著眉頭對她說。
「好啦，這是最後一張，真的，我發誓！」
「妳每次都說最後一次，結果還不是趁我不注意時偷偷拍？拍照到底有什麼好玩？」他說著，最後竟有點動怒。

可依的男友陳銘是個很有才華的畫家，曾經開過幾次個展，風評不錯，但台灣買畫收藏的風氣不比國外，總是看多買少，陳銘經常入不敷出。可依說，在兩人剛交往的時候，因為陳銘習慣晝伏夜出，而她只是個尋常的上班族，為了配合彼此時間，他們最常約會的時間是——半夜。當夜幕低垂，大多數人正要就寢時分，屬於他們的這份愛情才剛要衝破日常工作與瑣事，與對方碰面、吃點消夜。陳銘的話不多，總說要說的話都在畫裡頭了，她也不在意，只要能待在他身邊，她就覺得跟其他時候都不一樣，一種淡淡的、不太真切的幸福感盤旋在心裡頭，讓她覺得自己很快樂。可依不太會使用3C產品，但跟陳銘出去時，她都會帶上數位相機，連大概去過超出一百次的士林夜市，她依舊每次都會拍上幾張照片，仔細記錄兩人的點點滴滴。夜市裡窒悶的空氣，混膩著各種油炸味、快炒佐料香氣、甜點的糖味、人來人往的汗鹹味，通通混雜成他們約會時的風景底蘊。她愛拍他的黑髮、有點塌塌的鼻子、抿緊的嘴唇，還有他不經意的恍神表情。

「不要拍了啦！」他總是微微皺著眉頭對她說。

「好啦，這是最後一張，真的，我發誓！」

「妳每次都說最後一次，結果還不是會趁我不注意時偷偷拍？」他說著，最後竟有點動怒。

「拍照不好玩，可是我喜歡把你各式各樣的表情收集起來，這樣那一秒鐘的你，就會永遠是我的！」她說著，神情裡有抹淡淡的嬌霸。他懶懶瞅她一眼，低哼句：「神經。」

聽見他一臉沒輒的輕輕罵了自己一句，可依一點也不生氣，反而甜甜地笑開，瘋狂蒐集他各種表情是她最快樂的時光，十年的愛情，獲得十G的照片當作愛情利息，對可依來說，這是最純粹的幸福。

鐵盒裡的秘密

可依的幸福只維持了十年，然後突然來到一個無法控制、不能前進也無法後退的急降坡，所有事情嘩啦啦如大廈傾，頓時，落了一地的爭吵與收拾不了的傷心……

隨著兩人雙雙來到三十多歲的關卡，雙方家長逼婚逼得很緊，可依做公務員的父親相當反對兩人的婚事，甚至另外替她安排了中意的親事，經過可依一再聲明自己非男友不嫁後，父親才做出讓步，答應與男友見上一面。

可依很感謝父親的讓步，兩人初見面時，父親便提出聘金要二百萬，而且一年之內要湊足這個數，如果他辦得到，自己便把女兒嫁給他。陳銘乍聽見這個要求時，曾轉頭深深看她一眼，但她沒有回看他，只是坐得更加筆挺！

原來，父親碰面之前曾對可依說，這筆錢是要給他們買房子的頭期款，先不要告訴男方，要試試他的誠意。陳銘最後答應了。

從此，他們晚上約會的時間越來越少、越來越少。可依面對這種狀況心裡總是著急，因為有他家的鑰匙，有一次，在完全沒有告知的情況下，她帶著一小盒他愛吃的潤喉糖到他家。陳銘果然如他自己所說，最近晚上大概都不會在家，她問他忙什麼，他也都含混帶過，兩人之間彷彿有道很大的隔閡，逐漸將他們拉往南轅北轍的兩個方向。

可依把裝著潤喉糖、掌心大的鐵盒，偷偷塞進他房裡的桌子抽屜裡。猜測著，他會不會自己發現這盒東西？情況維持了半年多，一天半夜，她接到醫院來電，匆匆趕到醫院時，陳銘一臉蒼白躺在病床上一動也不動，他的家人只告訴她，人在林森北路路邊被人發現送醫。他整整昏迷了三天，就走了。

可依無法接受這突如其來的轉變，眼淚一滴也掉不出來，整個人宛如失去靈魂般進入他生前的住所。她把身體縮成一個小點，窩坐在他的床上，整整三天三夜不吃不喝也不睡，然後她想起那盒潤喉糖。心想，他一定沒發現那盒東西吧？

不知從哪來的衝動，可依下床，緩緩走到桌前，謹慎地拉開抽屜——鐵盒果然靜靜躺在原處。只是在鐵盒旁，多出了一個大信封袋，體力近乎透支的她，雙手微微抖顫著，慢慢將信封袋拿出來，未料，裡頭突然「嘩啦啦……」掉出一小疊、一小疊的鈔票，落到她腿上、地上。這就是他晚上變忙的原因？可依一手摀住嘴巴，眼淚開始不斷滑出眼角，一顆接著一顆，另一手伸向鐵盒，拿起。好輕？

她緩緩瞠大雙眼，飛快打開鐵盒，裡頭沒有糖，只有張紙條，上頭有著他率性的筆跡：依，我好想妳。

她彎身緊抓著桌緣，終於張口放聲大哭！

尋找美麗的紅色外套

妻子人還沒走到公寓大門，便急著掏出鑰匙、煮菜時時常哼著奇怪的音調、老是愛穿一件大紅色的大衣……等等，這些小習慣，令以前的他非常厭惡。

曾經看過一部法國電影裡頭的一個小故事，令人印象深刻，在一次讀書會中說出來跟友人分享，大家都不免動容。

電影開頭，一位丈夫為了情人，正要跟老婆提離婚一事，夫妻兩人約在咖啡店裡碰面，做丈夫的有話要說，做妻子的也有話要說，最後，妻子搶得優先發言權。當妻子告訴丈夫，自己得了癌症恐怕時日無多時，丈夫驚駭之餘，已無法殘忍將離婚一事再說出口。此時丈夫心中暗自決定，要先陪妻子走完人生最後一程，再與情人在一起也不遲。

丈夫為了讓妻子能好好走完人生最後這段路，特意空出許多時間與她相處，還特意帶她去兩人初次約會的餐廳重溫舊夢，也陪著妻子到菜市場買菜、逛公園、刻意多待在家裡。以往，丈夫很討厭妻子一些奇怪的小習慣，像是：人還沒走到公寓大門，便急著掏出鑰匙、煮菜時時常哼著奇怪的音調、老是愛穿一件大紅色的大衣……等等，這些小習慣，以前曾令他非常厭惡。

但在這段時間裡，丈夫忽然慢慢又重新接受了妻子生活細節中的這些小習慣，甚至開始欣賞妻子進門前先拿出鑰匙時，所發出的清脆聲響；在妻子煮飯時，他也會靜下心來凝聽妻子斷斷續續的不成調歌聲。日子一天過過一天。妻子的身體因病越來越虛弱，丈夫開始每天為妻子打一杯蔬果汁，也在每日睡前唸幾首小詩給妻聽，直到她體力不支沉沉入睡，而這個唸詩的舉動，正是他們當初談戀愛時最喜歡做的事之一。

後來，妻子離開人世，丈夫的情人找來，但丈夫已經無心再與她交好。一直到丈夫死前，每次在人潮之中，只要看見有人穿著紅色大衣，他的心便會怦然心動！夫癡癡注視著根本不可能會是妻的紅色背影，直到那抹紅在他眼前徹底消失……

做愛不等於戀愛，相伴不等於相守

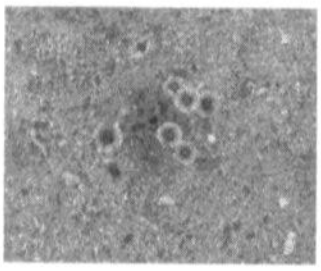

愛情會出現在哪裡？
愛情會出現在對方眼裡、禮物裡都很正常，
不過，這些都是其次，真正重要的是……

很多人會問，愛情會出現在哪裡？有的人會說，情人的視線裡；有的人則說是從情人手中接過的禮物裡；有的人則認為愛情根本無法表現出來。最後一派人認為，愛情是隱晦的，只能意會、無法言傳。

若問馥眉關於這個問題的答案，馥眉會回答，愛情在情人的眼睛裡，也在情人送給我們的禮物裡，當然，愛情也無法真實又具體的展現出來，如果能，愛情就不會如此迷人，甚至成為某些人口中自己今生的死穴。

這些答案對馥眉說，通通都對，但似乎也通通都不對。每次聽到這裡，就有人會急著笑說馥眉的回答太過取巧，怎麼可以遊走在對與不對的灰色中間地帶，不給人一個痛快？馥眉總會回答，其實這個答案還沒說完。

愛情會出現在哪裡？愛情會出現在對方眼裡、禮物裡都很正常，不過，這些都是其次，真正重要的是——愛情有沒有出現在「我們自己的心裡」呢？

不是對方的心，是單純我們的心喔。一直很喜歡一句話。「我愛你，但與你何干？」

愛與不愛，珍貴之處在於心意，但若傻得讓別人利用自己的心意，而演變成人為刀俎，我為魚肉，似乎就太癡傻了。

真有這個必要嗎？愛情的根本是陪伴，但陪伴並不等於愛情！每次的約會收據，並不是相愛證據。永遠不要細數兩人約會的次數跟時間總長，因為那真的只是個數字而已，真正重要的是——兩顆心有沒有正互相陪伴著？

跟我們分手的是情人，不是愛情

一面以手背拭淚，飛快跑出這個令她傷心的地方，
衝出大門，跳上計程車。在計程車上，
一幅幅令人心碎的畫面不斷在她腦中出現，
每出現一次，就像有把刀子，狠狠在她心口上劃上一刀、又一刀……

婷婷是個很漂亮又重感情的女孩子，大一時，才華洋溢的男友在她面前自彈自唱了一首「童話」告白後，兩人便開始交往起來，愛情長跑經歷過漫長十年，在正式見過兩家家長後，他們終於決定讓這段愛情開花結果，一起攜手走入禮堂。畢竟一個人可以有多少個十年呢？

扣掉出生時的稚嫩無知和年老體衰的晚年，中間精華日子的其中十年，在人的一生中占了非常重要的位置。經過這十年深交，婷婷幾乎早已認定眼前這個男人就是自己的終生伴侶，再無第二人選。那時候婷婷總是說：「很難想像自己可能跟其他男人交往的樣子，我覺得自己這輩子應該再也離不開這個男人了。」

在婚前一個月，因為籌備婚禮讓兩人精疲力盡，男友跟自己都是工作跟婚禮兩頭燒，婷婷為了照顧好男友身體，特意在家裡燉了雞湯，不告訴男友，偷偷造訪，想給男友一個驚喜！就在她滿心溫情地提著雞湯上門時，竟撞見謊稱今天又要加班的男友剛好在家，而男友單身獨居的房子玄關處，還有一雙不是她的女鞋。

婷婷走近男友房間，聽見令人難堪又難以忍受的情慾喘息聲，她深呼吸口氣，伸出顫抖不已的手，緩緩打開房門。房裡人一時間還沒察覺到什麼，幾秒鐘過後，男友猛然看見早就哭成淚人兒的婷婷，裸著身子大喊：「婷婷！」

婷婷提著自己原本要給他進補用的雞湯，一面以手背拭淚，飛快跑出這個令她傷心的地方，衝出大門，跳上計程車。在計程車上，方才那一幅幅令人心碎的畫面不斷在她腦中出現，每出現一次，就像有把刀子，狠狠在她心口上劃上一刀、又一刀……

泣不成聲的她回到家，對男友避不見面整整一個星期後，宣佈取消婚約，兩人也隨之分道揚鑣。事過境遷多年後，直到婷婷交上新男友，身旁人才敢鼓起勇氣問她，當初為什麼能說斷就斷？

婷婷愣了一下，輕輕嘆了口氣：「其實也沒有說斷就斷，當初他跟我告白的那首歌其實一直在我心裡，那是我人生中最美、最單純的浪漫時刻。不過，我一直很喜歡彌你頓的詩，他說，心是它自己的主宰，它可以化天堂為地獄，地獄為天堂。」

她忽地微笑開來：「我割捨的只是這個男人而已，但這份情會永遠在我心底深處，至死方休。」

有些話說了沒用，要用做的！

一條整天只打電動的公毛毛蟲，什麼事也不做，
最後因為生物性的關係，替自己做了一個繭，
即便到了這個時候，
公毛毛蟲依然沒有忘記把自己熱愛的電腦帶進繭裡去。

毛蟲是個插畫家，男友則是朝九晚五的上班族，因為平常工作忙碌又累的關係，假日時，男友總喜歡賴在家裡哪裡也不去。毛蟲本來就是一個比較隨性，喜歡到處看看玩的女孩子，一方面想體恤男友平常上班的辛苦，但另一方面又默默忍受著與男友相處時，越來越無趣的乏味生活。直到有一日，見男友假日又賴在家裡的餐桌上看影片、上網打電動，她靈機一動，突然想到一個好方法來治一治男友！

她把自己平常愛用的畫本跟色鉛筆拿到手邊，攤在餐桌上，與男友相對而坐，不發一語，埋頭以男友為主角，畫了一隻公的毛毛蟲，頭戴黑色紳士帽，自己則是塗上鮮豔大紅色口紅的母毛毛蟲。以往，男友打電動時，她總是會在一旁碎碎唸勸他不要一直打電動，這幾天突然一改常態、無聲無息低頭猛做自己的事情，男友被她古怪的舉動挑起好奇心。毛毛蟲甚至可以感覺到男友幾次飄過來的眼神，但她都用力忍住，始終沒有抬頭跟他說話，直到最後反而是男友忍不住了，開口問：「妳到底在做什麼？」

她聳聳肩，故作懸疑。這下子，被好奇心折磨了許久的男友終於丟開電腦，把頭湊過去看看她到底在幹什麼？男友越看她手中的畫冊，越發覺得不太對勁，故事好像在講一條整天只打電動的公毛毛蟲，什麼事也不做，最後因為生物性的關係，替自己做了一個繭，即便到了這個時候，公毛毛蟲依然沒有忘記把自己熱愛的電腦帶進繭裡去。結果，公毛毛蟲因打電動打過頭，錯過重要的破繭時刻，但母毛毛蟲可沒錯過。成功破繭而出的母毛毛蟲，化身成為美麗的蝴蝶後，便從他身邊遠遠的飛走了。

男友看見，立刻覺得好氣又好笑。不過，值得慶幸的是男友明白毛毛蟲的意思，從此以後，只要毛毛蟲又拿出畫筆跟畫冊出現在他身側，他便會停下手邊動作，小心詢問。「是不是又想出去外頭蹓蹓啦？」

愛；找麻煩

聽見男友說還要去散步，小如突然覺得有些動氣，她不懂，男友為什麼一定堅持要碰面，今晚她是真的已經很累了……

小如是個很活潑的女孩子，大學時代積極參加許多社團，大三的時候，她成為社團幹部，學業、社團兩頭都忙，讓她常常得過晚上十點以後才能回到宿舍休息。

有天晚上，剛交往不久的男友突然打來，問今天能不能見一面？小如當時還在社團裡，回答不知道自己會忙到幾點，而且按照當時開會的進度，她預估應該會很晚。問男友：「要不要乾脆改約明天？」「一定要今天！」男友說著，能聽出語氣有些焦急，大約是察覺到自己的失態，連忙開口補了一句：「晚一點沒關係，等妳忙完再打電話給我就可以了。」

見男友如此堅持，小如只好承諾忙完會打給他。當晚，小如果真如自己預估，忙到快十一點才回到宿舍，她癱在床上，閉上雙眼稍微喘口氣後，猛然想起自己先前的承諾，趕緊起身打電話給男友。「喂，我現在人在宿舍了。」「好，我馬上過去找妳，要不要我買什麼東西過去給妳吃，然後我們一起去漁人碼頭散個步？」

聽見男友說還要去散步，小如突然覺得有些動氣。她不懂，男友為什麼一定堅持要碰面？今晚她是真的已經很累了……「不要，我現在好累。」她再次表明自己現在的狀況，同時希望男友可以改約明天。「真的不可以約明天嗎？」男友遲疑了一下，才開口說：「我今天晚上想見妳。」

「好吧，那你來找我，可是我真的好累，今天不想再出去了，我們就在我家樓下聊一下就好，好不好？」小如在心裡嘆口氣，覺得男友似乎太不體貼了，但另一方面她又不想讓男友失望，只好勉強答應。男友很快就來了，兩人見面聊了幾句後，他突然從懷裡掏出一個包裝精美的小禮物，放到小如手中。

「這是——」小如詫異地看著手中的小禮物，微微瞪大雙眼。「今天晚上是我們交往一個月的紀念日，這是我前兩天去買的小東西，當作慶祝我們在一起。」看見小如抬頭看著自己，男友抱歉地笑了一下。「對不起啦！我想說在我們交往一個月時拿給妳比較有意義，可是妳今天看起來真的好累。我好像真的不應該這麼堅持喔？」

看著男友搔搔後腦的模樣，小如的心頓時一軟。她慢慢拆開禮物，看著手中漂亮的項鍊，心裡頭緩緩流過一股熱流。這是她喜歡的設計，他默默為她挑了一條項鍊，而且還一挑對設計？看著男友臉上有些發窘的尷尬微笑，原本疲累不已的小如，一顆提不起勁的心像突然被電了一下，胸口漫起一陣熱血，整個人瞬間舒活過來！

「這條項鍊好漂亮，你可不可以幫我戴上，我想看一下？」小如看著男友，突然開口提出要求。「好啊。」男友聽了，微笑著，立刻點頭答應。

愛不可承受之鴻毛，還是泰山？

大家看著卿雲的表情，知道她現在依然一樣感動！後來卿雲還說，香水因幾次搬家早就不翼而飛，只有這本小書，她每次都是先放在隨身包包裡，等到了新家，又偷偷藏進書櫃裡的寶貝。

情人間最重要的時刻之一：告白、互相表露情意，絕對能榜上有名！除了把自己的心意表達完整、眉目傳情之外，如果能準備上一份貼心小禮物，往往更能打動人心。卿雲結婚多年，已是兩個孩子的媽，一次，大家聚在一起喝茶聊天，一位正在她書櫃翻看書籍的朋友，突然發現一個精緻的小盒子。在眾人苦苦哀求之下，卿雲才微微紅著臉，期期艾艾的慢慢吐出實情，同時把盒子小心翼翼打開，彷彿裡頭裝的是稀世珍寶般萬般珍惜。盒子一開，裡頭只有一些裝飾用的彩色細長紙條，沒有禮物，只有一本亮藍色的小書，約莫只有手掌大小。

「這是他跟我告白時送我的禮物。」都是兩個孩子的媽了，卿雲說起這段往事時，依然露出小女人的幸福微笑，看得大家也跟著偷偷笑開。

「因為他本來就很害羞，不敢直接跟我面對面說，便說要送我跨年禮物，我那時候心裡還納悶，他怎麼會突然說要送我跨年禮物？更糗的是，我根本沒有準備要送他任何跨年禮物。」卿雲拿出裡頭的小書，捧在雙手中翻翻看看，每一個動作都顯現出她很珍惜的心。

「回到家後，我打開禮物，是瓶很清新淡雅的香水，下頭還壓著這本小書，裡頭是他這輩子唯一一本的圖文創作集，裡頭寫滿、畫滿我們剛認識到後來巧遇的點點滴滴，看著那些歪七扭八的字，再看看明明就不擅長又硬要畫的插圖，我當場感動到心頭暖成一團，一整晚都睡不著覺呢……」大家看著卿雲的表情，知道她現在依然一樣感動！後來卿雲還說，香水因幾次搬家早就不翼而飛，只有這本小書，她每次都是先放在隨身包包裡，等到了新家，又偷偷藏進書櫃裡的寶貝。

三過店門而不入的定情項鍊

「好後悔喔，如果那天晚上聽他的話去漁人碼頭就好了，每次一想到他騎車過來，在當時住所樓下那個委屈又抱歉的表情，我的心就會覺得酸酸的。」小如說這些話時，臉上幸福表情裡也有淡淡的抱歉。

呈上「愛；找麻煩」後，還有一小篇番外篇喔。這是在大家散去，馥眉直覺小如有話沒講完，經過一番詢問後，意外得來的小小驚喜插曲！

對馥眉來說，知道這件事比起單純的項鍊更叫馥眉動容，因為項鍊只是物品，但透過小如男友購得這條項鍊的過程，一條慶祝兩人交往的項鍊，卻溫柔的記載著男友對小如的情意。話說，那天晚上，小如坐在男友機車上，一手挽著自己即肩的長髮，等著男友笨手笨腳幫她把項鍊戴好，隱約中，還能察覺男友的大掌正在微微顫抖。經過一番折騰後，兩人看著機車後照鏡裡的項鍊，相視一笑。

「好後悔喔，如果那天晚上聽他的話去漁人碼頭就好了，每次一想到他騎車過來，在當時住所樓下那個委屈又抱歉的表情，我的心就會覺得酸酸的。」小如說這些話時，臉上幸福表情裡也有淡淡的抱歉。

直到很久以後，小如才從他口中得知，當初男友在購買項鍊時，曾經自己一個人在店裡都是女孩子的專賣店門口，來來回回，又來來回回連續走了好幾趟，暗自觀察著裡頭都是女生的店，遲遲不敢進入。

最後，眼睜睜看著快要逼近店家的關門時間，才鼓起最大勇氣，走進滿滿都是女性顧客的店裡，突兀地站在店中，低著頭，望著令他眼花撩亂的玻璃櫃，用心地挑著小如可能會喜歡的項鍊。

直到現在小如跟他結婚多年了，這條項鍊一直是她最小心珍藏的禮物！

房子一角的小告白

真心相愛的苦日子，其實一點都不苦，
物豐情減的好日子，其實一點都不甜
吵得多了，嗓門逐漸變大了，怒火也越燒越旺，
終於把彼此最後一丁點溫存通通燒光……

玉琦在大學畢業時，因為許久找不到工作，為了節省房租和種種因素，便與男友同居，每天窩在小小的套房裡，一起吃泡麵，一起上網找工作，到處面試也到處碰壁。那段日子真的好苦，有時候甚至得兩人合吃一碗泡麵，為了省水省電，還會利用便利商店內的關東煮湯汁泡麵，增添多一點飽足感。那個剛畢業的夏天，他們會故意把麵泡得很爛，坐在有冷氣吹的便利商店裡，看著街道上大家人來人往，手上拿著一大盒、一大盒的便當，他們頭靠著頭，小心控制份量的吃著每一口麵。明明食量很大的男友，通常會在麵剩一半時，突然說他飽了，把碗推給她，等她吃完後，再瘋狂喝關東煮的湯。那時

候他們最愛的對話是，每次吃完泡麵要回家前，都會看著彼此說：「我們好窮喔！」「對啊，再這樣窮下去我們可能真的會活不下去囉！」大概是剛畢業，年紀太輕，兩人居然可以為了幾句毫無建樹的廢話，突然哈哈大笑得很開心，很傻氣，好像只要這麼笑一笑，肚子就會少餓一點，生活就會變得順利一點。

後來，男友率先找到工作，仍在找工作的玉琦則在家幫忙煮很簡單的晚餐，等男友回來一起吃。接著，玉琦也找到工作了，兩人生活收入變多了，壓力也隨之變大了，口角也越來越激烈。「以前妳都會準備好吃的東西等我回來，現在妳為什麼變了？」「不要鬧了，我現在有工作。」「難道我就沒有嗎？」吵得多了，嗓門逐漸變大了，怒火也越燒越旺，終於把彼此最後一丁點溫存通通燒光後，他搬走了，而她也正要離開他們一起熬過人生低潮的租屋。在最後一件行李被搬出後，玉琦手中的鑰匙突然掉落地面，她蹲下身，拾起鑰匙，正要站起身時，撇見牆邊好像寫了什麼字。她低頭，湊近一看。

琦，我們要永遠在一起，好不好？

玉琦完全呆住，直到兩秒後，臉頰上有一股很痛的溫暖，正沿著臉頰緩緩滑下臉龐

——只是一切都太遲了

手機匣裡頭的簡訊後來去哪了？

那封簡訊傳來時的手機震動，不只在她掌心震動，
更一路傳進她心裡，悄悄在裡頭引發一場小小的爆炸。
手機對小菁來說，還有另外一個功能──男友甜言蜜語的收集器。

小菁有本陳舊的筆記本，漂亮的金色外皮，因為長期使用，金色外皮暗了一層，沒有閃閃發亮的光澤，卻多了股韻味。一這本筆記本是她上次到京都遊玩時，買下的紀念性質筆記本，有當時旅行的氛圍為基底，調配上裡頭滿滿都是跟男友相關的訊息，形成一本她從沒想過要丟棄的小本生活冊子。小菁常說自己是電子產品笨蛋，她對手機或是數位相機使用上有基本的困難，從來不知道自己手機收信匣內，究竟可以放進多少封簡訊？對她而言，手機通常只維持在撥出跟接收兩種功能。不過，除此之外，手機對小菁來說，還有另外一個功能──男友甜言蜜語的收集器。

小菁跟男友互相表白當晚，剛走馬上任的男友送她回家後，立刻傳來關心簡訊，簡訊內容寫些什麼她已經忘了，只知道當時自己覺得好開心，心裡頭有股暖暖的感覺不斷在胸腔裡頭擴張開來。那封簡訊傳來時的手機震動，不只在她掌心震動，更一路傳進她心裡，悄悄在裡頭引發一場小小的爆炸。隨便說什麼也好，不說什麼也可以……兩人剛在一起時，他們都還在念大學，小菁每周利用一堂很無聊的上課時間，為了不遺失男友傳來的簡訊，會把簡訊裡頭的每一字、一句，一一抄寫在筆記本上。不過，在她筆記本裡，馥眉發現有好多只寫上日期卻毫無內容的地方，問她，這是怎麼了？

小菁愣了一下，嘴邊隨即漾起一抹甜笑。「那個是男友有一次發現我會把簡訊抄下來，故意給我的考題。」考題？小菁又笑了笑，這次有點害羞地說道：「知道我會抄簡訊後，他就常常傳來空白簡訊，後來他發現我居然還是會把簡訊傳送過來的時間抄下來時，還曾經嚇了一大跳，問我空白簡訊也有寫的必要嗎？我回答他，有啊，代表你又對我惡作劇一次、兩次、三次……」後來小菁說，她最珍惜的就是這些「空白」簡訊，雖然沒有字句表達，但每一封、每一個時間點都像在對她說：我想妳囉，寶貝。

【愛情配方】

女人要有靈氣，男人要有霸氣

女人都喜歡格局大一點的男人，
就如同男人都喜歡優雅又氣質迷人的女人。
女人的靈氣要從哪裡來？
答案：生活隨處皆可得。

擁有美好戀情之前，我們必須先擁有一位好情人。擁有一位好情人之前，我們必須先把好情人吸引過來！

在愛情的戰場上，外表是第一層武器，但真正能進入認真交往的關鍵不是外表，而是我們從靈魂深處散發出來的氣質。「吸引」主要靠外表、談吐、舉止，但決定戀情是否真的開始有點眉目，主要重點已經從「外在」轉移開焦點，真正決勝關鍵在於：氣質。

女人最棒的氣質是——要有靈氣，而男人則是要有——霸氣。

如果傳統所謂的「男主外，女主內」，指的是丈夫出外工作與妻子在家相夫教子，那麼現代版的「男主外，女主內」，指的應該是男人對外要能掌控局面與女人應該修練內在靈氣。女人都喜歡格局大一點的男人，就如同男人都喜歡舉止優雅又氣質迷人的女人。問題是，女人的靈氣從何而來？答案：生活隨處皆可得。

如果妳尚未決定該怎麼培養自己的靈氣，有以下兩個最易入門的方法，可以讓我們進行氣質修練。

第一：多閱讀。彩妝、髮型、八卦雜誌很能放鬆心情，這種感覺馥眉懂，但這類文字純屬資訊類，我們總不能奢望外在資訊，能建立起我們內在的厚度吧？所以，請上網逛逛書店，或者到實體書店感受書卷香氣也很不錯！

重點是請多多看點類似小說、能讓內心充滿感動與愛的小短文，或詩集類的書籍，當那些文章把身體裡的那顆心變得更為柔軟時，氣質絕對也會因此轉化，當有人驚見妳的第一眼，突然輕喊出，「哇！妳氣質好好。」時，請別多說話，回以淡淡微笑就行了，如果想讓自己看起來更自信一點，不妨微笑著和對方說聲謝謝吧！好氣質再加上自信，普天之下誰能抵擋得了這種魅力？如果妳覺得文學太過沉重，何不先挑幾本帶點輕鬆、幽默的都會小說閱讀起？最好感動之餘，還能讓我們笑出來的書更棒！如果化妝品能讓人變得更體面，那麼「笑」便是能讓人渾身閃閃發亮的真正珍寶。別忘了古有明訓，腹中有書氣自華。古人睿智與一針見血的話，有時候搬到現代來，其實也非常符合時宜。

第二：慢、下、所、有、動、作。別把自己的生活搞得像戰場，我們也不是一天到晚扛著衝鋒槍、在城市裡橫衝直撞的焦躁小兵。請慢下妳腳下每一步伐，欣賞路過的美麗櫥窗擺設，緩緩深吸口氣，感受身旁所有滑流的脈動。

我們有多久沒有抬頭看看天空，又有多久沒有看著路燈發呆？或者，輕輕閉上眼睛，深深吸口氣，聞聞晚餐時間家家戶戶飄出不同的飯菜香味、街道上車水馬龍的聲響，把自己紛亂的心緩緩沉澱下來……當我們靜心感受當下的每一刻時，專屬於自己的靈氣，便會自體內緩緩上升。這時候的我們，所散發出來的氣質，絕對是全天下最獨一無二又充滿迷人魅力的閃亮個體！

CHAPTER 2

嗨，我要升等到愛情頭等艙，謝謝

愛情不在嘴上，而是行動裡

「妳這個女人，居然說夏天的我很不討喜？難怪夏天我要牽妳的手，妳會一直把我甩開，現在我終於知道原因了……」他裝出極度不滿的表情，小君偷偷收回自己的手，笑著從他懷裡跑開，那時候他們都沒預料到，當時一句嬉鬧的話，竟會一語成讖！

每到冬天，小君手腳冰冷的問題便會變得更加嚴重，常常穿毛襪、戴厚圍巾、雙手套上厚厚的手套去上班，都無法抵擋冬日裡寒冷的空氣。

小君男友——愛吃雞排的小剛，恰恰與她相反，一年四季身子都很熱，大大的手掌總是能維持一定的暖度，小君曾笑稱他的手是「太陽之手」，還虧他這種「擁有溫度的手」最適合當麵包師傅。

每次寒冬出去約會，小君都會緊緊握住小剛的大掌，笑盈盈地說：「你的手就是我的暖暖包，最棒的暖暖包，不管怎麼用都不用再買新的！」小剛聽見，總是濃眉一皺，似真似假的揚言抗議。「妳現在是怎樣？把我『物化』成妳的暖暖包就對囉？」

她忍住笑，一臉理所當然的回答：「對呀，難道你都沒發現嗎？夏天的時候，我都不太想牽你的手，我們的愛情是有季節性的，冬天的時候就多愛你一點，夏天就少愛一點。」小君對他俏皮地眨眨眼，隨後抬高下巴，輕輕補來最後一腳：「夏天的時候，你實在太熱了，很不討喜喔！」

小剛聽得怒火中燒，故意做出嘶牙裂嘴的表情：「妳這個女人，居然說夏天的我很不討喜？難怪夏天我要牽妳的手，妳會一直把我甩開，現在我終於知道原因了……」

他裝出極度不滿的表情，小君偷偷收回自己的手，笑著從他懷裡跑開，那時候他們都沒預料到，當時一句嬉鬧的話，竟會一語成讖！那個夏天，他們分手了。不過，提分手的人不是小君，而是小剛。

失去翅膀的太陽之手

小君始終不敢回頭的畫面——
是小剛緊緊注視著她離開的表情，
垂在身側的雙手握成青筋爆露的拳頭。
那年冬天很冷，沒了小剛的「太陽之手」，小君手冷，心更冷……

那個夏天，他們分手了。不過，提分手的人不是小君，而是小剛。小君不斷詢問原因，小剛只交代一句「沒感覺了」，聽見答案的當下，小君狠狠甩了小剛一記耳光！

啪——

小剛不躲也不閃，默默承受小君狠猛的巴掌，什麼話也沒說，站在原地，一臉堅決。

「你是不是喜歡上別人？」小君努力大口、大口吸氣，不想在他眼前示弱，更不許自己在這種時候哭出來。小剛抿緊唇線，靜靜看著她，幾秒鐘過後才點點頭：「對，抱歉，我喜歡上別人了，我們分手吧。」小君緊咬著下唇，用力過猛而滲出幾絲血絲，但她一點感覺也沒有，直到這時候她才明白，原來心痛可以壓過任何一種生理上的痛！她微仰著頭，拼命忍住眼眶裡的眼淚，不讓它們掉下來。「不能哭。」她在心裡拼命告訴自己。「這時候哭出來，妳就輸了……」

小君轉身離開，不敢回頭，怕看見小剛決絕的神情，自己會當場崩潰哭出來。她不懂，他怎麼可以這樣對她？她那麼愛他，他們明明那麼相愛，難道他們在一起那2年快樂的點點滴滴都是假的？在她背後，小剛望著小君越走越遠的背影，沒有移動腳步，直到她完全消失在自己眼前，他仍望著空蕩蕩的巷弄，心裡一樣空蕩蕩。小君始終不敢回頭的畫面——是小剛緊緊注視著她離開的表情，垂在身側的雙手握成青筋爆露的拳頭。

那年冬天很冷，沒了小剛的「太陽之手」，小君手冷，心更冷……

不連絡的聖誕禮物

她屏息以待。
電話接通，響了兩聲。他沒換手機號碼？
「怦！怦！」聽著電話那頭傳來的輕搖滾樂，
她心跳瞬間瘋狂加速起來。他會接起電話嗎？

在聖誕節當天，小君收到兩份禮物，一份是公司男同事的告白禮物，另一份是不知名人士送來的暖暖包。她先拆開同事的告白禮物，一張文情並茂的卡片，一雙黑色香奈兒高跟鞋。小君看著手中的禮物跟卡片，鞋子很漂亮，可是她完全沒有想試穿看看的興致。她看著另一份不具名的禮物，心跳逐漸緩緩加快，雙手微微顫抖拆開禮物，看著只要煮沸便能夠一再重複使用的數個暖暖包，與前男友小剛相處時的點點滴滴突然湧進她腦海。

是他，這禮物一定是他送來的！小君把禮物翻來覆去檢查了好幾次，沒有卡片、沒有署名、沒有隻字片語、沒有任何要求復合的跡象。儘管如此，她依然拿起手機，找到小剛的電話號碼，按下撥出。她屏息以待。電話接通，響了兩聲。他沒換手機號碼？「怦！怦！」聽著電話那頭傳來的輕搖滾樂，她心跳瞬間瘋狂加速起來。他會接起電話嗎？……您的電話將轉入語音信箱……小君不敢相信地瞪著電話，小剛不但不接她電話，甚至還直接關機？她深呼吸兩口氣，眼淚又開始不斷滑落臉頰！

「可惡……可惡……這樣玩弄我很有趣嗎……」小君泣不成聲，突然一股怒氣咬住她胸口，抓著他送來的暖暖包，站起身，用力摜向牆壁，大吼：「很有趣嗎！」

砰！看著暖暖包被狠狠扔上牆壁，以一種失落的姿態，沿著牆面緩緩——掉落地面上。小君蹲下身，雙手抱膝，用盡全力把自己縮成一小點，然後聲音由小變大，逐漸放聲痛哭起來。她很快跟告白的男同事交往。二年後，又是聖誕節，她在家裡上網，從社群網站上，突然得知小剛過世的消息！小君心中快速閃過一抹驚駭，問了許多朋友後才得知，小剛先前被醫生診斷出自己大腸癌末期，還拜託身邊所有朋友不要告訴她……

捨不得買的捕夢網

雅惠看著男友馬上又抓著機車鑰匙往外衝的模樣，心裡有些困惑，他到底要去哪裡？心裡也有些生氣。她好不容易過來這一趟，他居然不陪她，還跑出去？

當雅惠跟男友都還是窮研究生時，一個在台灣中部念書，一個在北部，假日回北部時，她偶爾會跟男友一起吃飯和加逛街。通常都是約出去約會吃完飯後，隨意在餐廳附近走走看看，當作散步，也是小倆口的省錢約會。

一日，他們吃完飯，在餐廳附近賣許多可愛小物的街道上走走看看，櫥窗中，一個漂亮的捕夢網吸引住雅惠的目光，她看了一會兒，細細研究起捕夢網上細緻的繩紋、巧妙串起的小珠子、整體可愛又精緻的造型。

雅惠小時候對跟「夢」有關的童話故事非常著迷，甚至直到國小六年級都還相信，這世界上真的有人每晚會把夢吹進人的耳朵裡，好孩子給好夢，壞孩子就給噩夢。她欣賞著眼前在櫥窗內展示的捕夢網，感覺男友似乎也湊過身來，跟她一起盯著櫥窗內的東西猛瞧時，才匆匆回過神，轉頭看向男友，說聲：「走吧。」雅惠手裡挽著男友的手臂，想要繼續往前走，男友原地不動，問她：「不進去看看嗎？」她笑著搖搖頭，回答：「看看就好。」

聞言，男友又回頭看眼櫥窗，神態比她還捨不得離開，她心想，該不會是剛剛櫥窗裡頭有男友想要買的東西吧？幾個月過後，雅惠星期五一下課，立刻買火車票北上，一路直奔男友住所，男友到車站接她，第一句話就問：「會不會累？」

她聳聳肩，回答：「看到你就不累囉！」

男友偷偷把臉轉開，雅惠猜他可能正在害羞，所以也沒再多說什麼。把她載回宿舍後，男友突然要她先休息一下，等他一下，他很快就回來，還要她從裡面鎖門。雅惠看著男友馬上又抓著機車鑰匙往外衝的模樣，心裡有些困惑，他到底要去哪裡？心裡也有些生氣。她好不容易過來這一趟，他居然不陪她，還跑出去？

她坐在男友電腦桌前，開始上網收信、回覆留言，大約半小時過後，男友回來了，敲了敲套房的木門。雅惠起身，開門，男友看著她，咧開嘴笑著，突然抬高右手，手裡晃的正是先前那個漂亮又精緻的捕夢網。

「這個送妳！」男友搔搔頭，有點靦腆地說著。她愣住，呆呆回了一句：「今天又不是我生日，幹嘛突然送我這個？」男友的臉又開始偷偷轉紅，吶吶說了一句：「就、就突然想送妳咩……」

雅惠聽見男友困窘的話，心頭一熱，微笑著接過還在男友手裡晃著的捕夢網，低頭細細看著手中突然得到的小禮物，胸口頓時被一股感動填得好滿、好滿。儘管雅惠後來因為現實因素和男友分手了，不過，那個捕夢網依然掛在她床頭，持續守護深夜裡的每一個夢……

沉重的巧克力鐵盒

「喂，妳幹嘛哭？是不是我說錯什麼了？」阿志驚見她的反應，愣住，著急地問。
小愛抬頭，好笑又好氣地嗔他一眼，輕聲罵道。「你這個笨蛋……」

自從升上大四後，小愛便無法住在位於半山腰學校的宿舍裡，必須搬到山腳下的租屋，每天再從山下搭乘學校校車上山上課，一趟十多分鐘的路程，校車一次收費二十元，來回共四十元，不能刷公車卡，無法找零。小愛與和自己念不同科系的男友——阿志，並肩坐在校園一角，頭靠著阿志的肩，一同看著山腳下白霧繚繞的美麗風景，突然輕輕嘆了口氣。

「怎麼了？」阿志聽見，輕聲問了句。

小愛看向阿志，又重重嘆了口氣：「還不就是校車，每天要用掉四個銅板，一星期要二十個，我每天吃飯都要注意找錢的問題，小心存下每一個十塊硬幣，像有一次我沒注意，下車時才發現沒零錢了，把整個背包翻遍，找出一堆五元、一元，結果也才湊齊十九元，那次我把一堆零錢投進司機身邊的箱子裡時，心裡超緊張，很害怕被司機突然叫住！」

「才差一塊，司機不會去看啦！」「我心裡也是這樣想的，可是還是覺得很緊張，覺得自己好像做了什麼壞事。好煩！每天都要注意這種小事，神經兮兮檢查自己有沒有帶足夠的零錢出門，自己身邊是不是還有零錢，好麻煩！」「喔。」阿志冷淡回應了一聲後，再也沒有作聲。

小愛愁眉苦臉地說完後，覺得心裡稍微好過一點，對於阿志不算熱衷的反應也沒有放在心上，很單純的說完就完。一個月後，阿志突然拿了一個原本裝巧克力糖的鐵盒，交給小愛：「這個給妳。」

「這是什麼？」小愛接過鐵盒，原本以為是盒巧克力，沒想到接手過來後，立刻被鐵盒沉重的重量嚇了一大跳，她驚呼著：「噢，好重喔！阿志，裡面到底是什麼啊？超重的！」「打開看看。」阿志一臉冷靜。小愛狐疑地看男友一眼，動手打開巧克力盒，低頭一看，瞬間刷亮雙眼，瞠目結舌地看看盒子裡的東西，又抬頭看看阿志。

阿志被她瞧得渾身不對勁，清了兩下喉嚨後開口：「上次妳不是說老是要注意還有沒有零錢很麻煩嗎？我算過了，這些大概夠妳用三個月，到這學期結束前，妳都不用再擔心零錢的問題。」小愛手裡捧著沉甸甸的小鐵盒，眼眶裡熱熱的，她沒想過自己隨口說說的抱怨，阿志竟會記住？還特地替她存了這麼多十塊的零錢……

「喂，妳幹嘛哭？是不是我說錯什麼了？」阿志驚見她的反應，愣住，著急地問。

小愛伸手，用力抹去不小心掉下來的眼淚，抬頭，好笑又好氣地嗔他一眼，輕聲罵道：「你這個笨蛋……」

一定還要有一些別的！

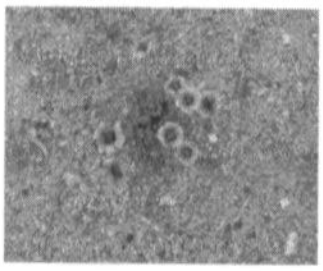

從兩人交往第二年開始，每年交往記念日，小謙都會從當年成千上萬張的照片裡頭精選出一百照片，製作成兩人愛情的甜蜜簡報。這已經變成他們紀錄愛情的傳統，而且這項傳統還會一直持續下去。

小謙是個很細心的人，與女友小可從高三開始交往，直到現在已經30幾歲了，就算兩人已經結婚了，他依然維持著談戀愛最初時的習慣。交往第一年的紀念日，兩人到餐廳大吃一頓，從那次之後，他們便約定再也不要用大吃一頓來慶祝交往紀念日。

後來，他們發現「巧立名目吃大餐」這點放棄實在可惜，便改成「紀念日的慶祝方式除了吃飯，一定還要有一些別的」！為了兩人說好的這個「別的」，小謙絞盡腦汁，已經有了口腹之慾的大餐，另外這個「別的」，一定要具備紀念價值、跟兩人都息息相關、最好可以直擊兩人心坎裡……如果能有同時擁有以上這些優點，無疑的將會是最棒的「一定還要有一些別的」的小驚喜。

在第一個交往紀念日到第二個交往紀念日中間，小謙無時無刻不在思考這個問題。眼見第二個交往紀念日即將逼近，小可已經負責訂好兩人垂涎已久的餐廳，而他這裡對於那個「特別」尚無任何頭緒。某天，念大學時的他在一堂企劃課堂裡放空腦袋，眼睜睜看著台上老師播放一張張ＰＰＴ，口沫橫飛講解著。

突然，一個靈感猛然擊中他！當天回宿舍，小謙馬上將自己與女友交往的照片從頭到尾瀏覽過一次，累積了兩年的照片數量實在驚人。他一張張審看，挑出自己覺得特別的，再一一刪減，最後精心挑選出一百張，製作成足足有一百頁的「交往周年紀念ＰＰＴ」。

在紀念日當天，兩人吃完飯，小謙利用筆電秀連續熬了好幾個晚上才大功告成的ＰＰＴ給小可看，望著小可緊緊盯著電腦螢幕看的小臉，眼睛好幾次偷偷轉紅，小謙馬上知道自己的連續數日自殺式爆肝行為，讓女友大人真的很感動。

知道這點，小謙多日熬夜的疲累頓時一掃而空，同時大方收下女友感動莫名的臉頰親吻。從兩人交往第二年開始，每年交往記念日，小謙都會從該年度成千上萬張的照片裡頭精選出一百照片，製作成兩人愛情的甜蜜簡報。這已經變成他們紀錄愛情的傳統，而且這項傳統還會一直、一直持續下去。

幸福金鑰

§不要輕易放棄每一個能夠盡情耍浪漫的經典時刻，一點一滴的用心都會存進「愛情存款簿」裡喔！

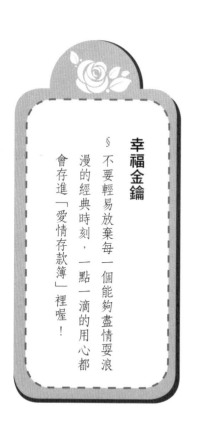

走在內側，好嗎？

「走在內側，好嗎？」
她心頭輕輕震了一下，望著他沒輒又氣惱的表情，突然噗哧一聲笑開來。
「好啦，對不起嘛，謝謝你這麼擔心我喔！」

小花是個有點迷糊的女孩，男友阿爆一如他的外號，是個脾氣有些暴躁的人。他們常常到士林夜市逛街、吃小吃、買點小花著迷的小東西，只是士林夜市時常人滿為患，尤其在假日，更常擠得水洩不通！本身並不熱衷於逛街的阿爆，不只一次抗議過自己討厭逛街，可是每當小花微微嘟起嘴，水瀅瀅大眼流轉出懇求時，阿爆心裡縱然有千百萬個不願意，還是會乖乖陪在她身邊，踏進他看到就頭痛的人擠人夜市裡。

小花常擁抱這種小小勝利的陪伴，雙手挽著阿爆的手臂，在夜市裡晃悠晃悠到處東張西望，對任何一家新店、任何一種新產品、任何一項新口味的小吃，通通抱持最高度的好奇心！阿爆常常必須把只剩下雙手黏在他身上的她，拉回自己身邊，盡量讓她走在走道內側、靠近店家的那一邊，可是對什麼都好奇的小花，依然很關心走道中間的小攤販，唯恐錯過任何一項值得注意的小商品。

直到有次，一個迎面而來粗壯男人，在人擠人的夜市裡頭大搖大擺走著，走路沒在看路的小花根本沒注意到，就這樣活生生被人狠狠撞了一下肩膀，幸虧阿爆一掌始終護在她背後，及時把她攬進自己懷裡！被撞得頭昏眼花的小花，一回過神，就看見阿爆正惡狠狠瞪著對方，小花嚇了一小跳，扯著阿爆手臂，趕緊往前移動。

「走路小心點！」聽見男友瞪著對方冷冷飆出這句話，小花馬上嚇出一身冷汗，好不容易把阿爆拉出人群，走在大路邊，她才緩過一口氣。現在應該安全了吧？小花心裡才剛剛飄過這個念頭，阿爆突然用力抓住她手臂，將她從靠馬路那一側拉向內側，看著她的一臉無辜的表情，他語帶無奈的揚嗓，沒好氣地低哼：「走在內側，好嗎？」

她心頭輕輕震了一下，望著他沒轍又氣惱的表情，突然噗哧一聲笑開來。「好啦，對不起嘛，謝謝你這麼擔心我喔！」這時她才赫然發現，阿爆一個下意識的小舉動，竟包含這麼多的體貼與守護。

「誰擔心妳了？」阿爆猛然瞪大雙眼，輕咳兩聲，惡狠狠扔出警告：「少給我惹麻煩！」聞言，小花臉上的微笑更加燦爛。

「妳現在這樣笑是什麼意思？」阿爆見狀，立刻發出不滿的低哼。

「哪有？」她耍賴，根本不把他的惡臉相向看在眼裡，依然笑她的。

「沒有嗎！要不要自己照一下鏡子——」

小花一臉甜蜜聽著，看眼阿爆攬著自己肩膀的手，正小心翼翼讓她走在內側，把自己介在馬路與她之間，默默照顧她的安全……

那次，我差點一拳揍到他臉上！

小花心裡氣得要死。
「我走我的，不關你的事，放開我，我自己走！」
她低下頭，雙手用力想剝開他還牢牢扶著自己的大掌。
這一看，小花倏地瞪大雙眼！

有次小花的朋友結婚，她特地穿了一件漂亮的淡黃色洋裝，踩著不常穿的高跟鞋前去參加。阿爆來接她時，一看到她腳上的跟高鞋，立刻狠狠扭緊眉頭！小花關上家門，走到他面前時，拍拍他肩膀，信心滿滿地交代了句：「我會很小心走路，不要擔心。」「希望如此。」阿爆低哼了句。兩人坐上車，車子很快來到飯店外，因為適逢結婚吉日，飯店附近停車場都客滿，阿爆只好把車停在比較遠的地方。

「妳先進去，我去停車，妳穿高跟鞋不好走路。」「好，那我在這個大門裡面等你，我們再一起上樓。」阿爆點點頭，瞄眼後照鏡，確認後頭沒有來車，才解開中控鎖，放她下車進飯店。十幾分鐘後，阿爆出現在飯店裡，小花看見他來，開心的朝他猛揮手，快步朝他飛奔過去。阿爆快速瞄眼飯店裡光潔溜溜的大理石地板，喉頭喉頭猛緊縮了一下，幾個大步走向她，不料，穿不慣高跟鞋的小花右腳突然打滑——

「啊……」察覺到不妙的小花，馬上輕喊出聲。

幸好阿爆手腳快，伸手攬住她腰身，硬生生將她打滑的身子及時穩住，緊張心情一放鬆，他立刻低頭瞪她。「妳走路看路好不好！」

聽見他惡聲粗嗓的低吼，差點摔跤又驚甫未定的小花，心裡突然升起一股委屈，嘟著嘴，不說話，只盯著他看。有誰會希望自己摔個四腳朝天，她又不是故意的，他幹嘛這麼兇？「不會穿高跟鞋就少穿，不要為了漂亮就不考慮其他！」阿爆接收到她隱隱含怒的注視，飛快別開目光。

小花一聽，心裡氣得要死。「我走我的，不關你的事，放開我，我自己走！」她低下頭，雙手用力想剝開他還牢牢扶著自己的大掌。

這一看，小花倏地瞪大雙眼！因為她居然看見他的手正在微微發抖……一想到他沒好口氣是因為被自己嚇到了，小花原本梗在胸口的怒氣突然消逝無蹤，還開開心心地輕笑出聲。

阿爆聽見她的笑聲，就知道沒事了，大大吐了口氣。「還敢笑？我差點被妳給活生生嚇死！」

他在她頭上輕輕敲了一下，小花一手撫著額頭，臉上盡是幸福的微笑。

讓妳這樣以為的人就是我，不是嗎？

「答應我，絕對沒有下次，好嗎？」他皺著眉，痛苦懇求。
小美望著眼前擔心受怕的眼神，嘴角微勾，半垂下的溫柔眼神緩滑下兩行晶瑩淚珠。
「嗯。」她微笑著，軟聲答應。

小美到男友住處等他下班，兩人今天要一起出去吃飯，閒來沒事的她翻看著男友求學時代念美術系時的畫作，心裡不禁有些感慨。這些都是男友的寶貝，雖然畢業後無法再繼續他最熱衷的繪畫，可是她一直都知道，這些畫作是男友最珍藏的寶貝。小美看著看著，工作一整天後的她竟開始打起瞌睡，在睡夢中，依稀聽見有人正在大喊著：「失火了！失火了！大家快點逃出去！逃出去啊！」從睡夢中猛然驚醒的小美，被眼前濃郁的黑煙嗆得幾乎快喘不過氣，隨手抓起身邊的皮包便要往外衝，打開房門，看見同一棟公寓的人急速往下衝。這裡是七樓，不曉得是幾樓失火？小美跟著大家跑到六樓時，突然想起男友那些畫作，站定腳步猶豫了兩秒鐘後，她居然開始往上衝去。慌亂中，一個人倏地扯住她的手，對她大吼。「妳瘋了嗎？大家都往下逃，妳偏偏要往上跑？」小美推開那人的手，衝上樓，一面咳嗽，一面努力摸索出那幾副畫作，緊緊抱在懷裡，一步一步跑下樓。好不容易跑到一樓，終於呼吸到新鮮空氣，精神稍放鬆，眼前陡然一暗，人便跟著昏迷過去。等小美悠悠轉醒時，人已經躺在醫院的病床上，眼前是男友臉部放大的焦急神色。

「……畫」「妳想說我學生時代畫的那些畫嗎？」他問。小美馬上點頭。「如果妳再拿自己的性命開玩笑，我不管那是不是妳搶救回來的畫作，我都會親手毀掉！」小美聽了，目光注視著他悶悶不樂的臉龐，微微皺眉。「這不關你……」她掙扎著想要說話。

「當然關我的事！」他低吼。「讓妳以為畫作比妳還重要的人，就是我，不是嗎？」小美眼睛張大，眼眶倏熱。「對、對不起……我……咳！咳！我沒想……那麼多……」「答應我，絕對沒有下次？」他皺著眉，痛苦懇求。小美望著眼前擔心受怕的眼神，半垂下的溫柔眼神緩滑下兩行晶瑩淚珠。「嗯。」她微笑著，軟聲答應。

再忙，也想跟妳吃個消夜

「是我，妳到家了嗎？」
正禮低沉悠緩的嗓音甫傳進她耳朵裡，
一陣渴望相見的熱氣陡然冒上雙眼。他們已經多久沒碰面了，
真的好想看看他啊……

身為標準上班族的宿命，彷彿便是永無止盡的加班、加班、再加班！在電子產業擔任PM的燦妃，更是常常得加班到晚上十點、十一點。璨妃的男友——正禮，是名在大醫院工作的醫生，兩人常常比較誰的工作時間比較長，誰的情況比較慘，藉此自娛娛人。燦妃剛從廣州出差回來，已經一個多月沒見面的他們，原本約好今晚要好好聚一聚，未料，就在燦妃要出發的前一刻，正禮突然來電，她一看是他的來電，心裡陡然重重一沉，已經猜出這通電話的來意會是什麼。

電話接起。果不其然，醫院有臨時狀況，正禮沒辦法跟她一起去吃晚餐，掛斷電話後，頹喪不已的燦妃身邊，突然黏來一位新進同事，捧了一個案子過來請教她，這一問，居然直到晚上十點多才完結。正準備回家的燦妃，突然又接到正禮的來電。

「是我，妳到家了嗎？」正禮低沉悠緩的嗓音甫傳進她耳朵裡，一陣渴望相見的熱氣陡然冒上雙眼。他們已經多久沒碰面了，真的好想看看他啊……

「還沒，因為有點事情，現在才正要回家。你忙完啦？」燦妃忍住自己心裡的渴望，盡量以冷靜的口吻說話，不想給已經夠忙的男友添上更多壓力。

「嗯，大概可以有兩小時空檔。」

嚥下想見面的要求，她轉而建議道：「那你要不要睡一下，稍微補一下眠？」

「不要，我現在過去找妳，我們一起去吃點東西後，我送妳回家。」

「可是晚上十點多吃晚餐，不嫌太晚嗎？」聽見正禮的話，燦妃嘴角已經忍不住偷偷往上揚，可是心裡依舊掛記他的身體。

「再忙，也想跟妳吃個消夜。」正禮在電話那頭笑開。「妳就當作是吃消夜囉！等我，我開車到妳公司樓下接妳，很快的。」

「慢慢開車，我會等你，不要急。」掛斷電話後，原本失望不已的燦妃，坐在自己位置上緩緩微笑開來，腦子裡全是男友那句，再忙，也想跟妳吃個消夜。

幸福金鑰

§當兩人世界裡頭只有愛情時，那是最純粹的幸福。

我的專屬導航系統

看了老半天，再對照手中地圖，小路隱隱約約照著路線行走，只是走了十多分鐘後，她覺得好像不太對勁，可是自己也說不出到底是哪裡出了問題，就在這時，小馬來電話了……

小路這個外號的由來是因為——她是個超級標準的路癡。小馬這個外號的由來是因為——他是個超級會找路的人，出去遊玩，只要帶上一張地圖，他便可以在全新的陌生環境裡，像在走自家廚房一樣如魚得水、四處行走。

他們是一對情侶，超級標準的互補模式！某天，小路要去一間新公司面試，雖然前天小馬已經替她上網把地圖列印下來，還細細交代了到時候應該怎麼走路會比較順，但人算究竟不如天算，地圖雖好用，但與現實狀況難免有些出路。幸好有自知之明的小路提早一小時出門，甫出捷運，立刻湊到牆壁上的大張地圖前，用力研究該怎麼走才好。

看了老半天，再對照手中地圖，小路隱隱約約照著路線行走，只是走了十多分鐘後，她覺得好像不太對勁，可是自己也說不出到底是哪裡出了問題，就在這時，小馬來電話了……

「怎樣，到妳要到的地方了沒？」「嗯，我覺得好像應該已經到了才對，可是又找不到……」小路沒轍地看看地圖，眉頭皺得死緊！「我就擔心會這樣，妳去隨便找張門牌，把地址告訴我，我幫妳查一下。」小馬的聲音聽起來一點也不意外。

小路乖乖照辦，說了地址，幾秒鐘後，傳來小馬的聲音：「妳現在照原路往回走，第二條巷子要轉進去，一直走，應該就可以找到了。」原來問題出在這裡！小路按照小馬的交待，開始往回走，不忘在電話裡頭先道個謝。「喔，好，謝謝。」

「有問題隨時打給我，不要自己傻傻的一直走。」小馬依然不放心，又囑咐了這句話。「嗯，知道了。」照著小馬的話，五分鐘後，小路終於找到自己要面試的公司，正要踏進去時，電話又來了。

「應該找到了吧？」小馬問。「找到了，正要走進去你就剛好打來！」小路因為終於找到公司，輕鬆地笑開。

「那就好。」小馬重重嘆了口氣：「祝妳面試順利。」「謝謝。」小路搶在他正要掛上電話前，趕緊補充說道：「喔，對了，我昨天有做一些很好吃的餅乾喔，你下班後過來找我，我拿給你？」

「好，那有什麼問題！」小馬也跟著低笑開來。

每天至少一通電話，重點是——

對我們來說，距離從來都不是問題，重點是要天天關心對方，
聽聽對方今天發生了什麼事情，
只要和彼此聊起這些事，不管事情多麼瑣碎，
我都會覺得我們好像一直在對方身邊，從未真正離開過……

阿鈴二十歲和男友交往至今，已經整整十年了，前一陣子趕搭結婚熱潮，終於和愛情長跑十年的男友、現任老公，步入禮堂，完成兩人的終生大事。每次有人問阿鈴，愛情長跑十年，到底是怎麼跑的？

阿鈴就會這樣回答：「一開始的時候，因為兩個人都還在學校念書，天天見面不是難事，可是隨著畢業、就業，兩人不太可能常常待在距離對方很近的地方，漸漸的，沒有天天碰面讓兩人有些疏遠。」

阿鈴輕輕嘆口氣後，又緩緩微笑開來：「所幸現代通訊很發達，我跟他每天至少通一次電話，晚上得空時，也會上網聊聊天，拜科技所賜，許多不敢當面說的話，都可以透過文字或聲音傳達給對方知道，對我們來說，距離從來都不是問題，我們總會找到不同的方式陪伴對方，重點是要天天關心對方，聽聽對方今天發生了什麼事情，只要和彼此聊起這些事，不管事情多麼瑣碎，我都會覺得我們好像一直在對方身邊，從未真正離開過……」

阿鈴臉上的微笑添入了更多幸福的成分。接著往下說：「對我來說，每天至少一通電話是讓我們愛情保鮮的不二法門，而且重點是——我們已經交往十年了。」

【愛情配方】

剩男剩女，大不同！

結婚沒什麼不好。
但——也沒什麼好。

現代的女人，可以很粗略的分為兩種。第一種是想要嫁人的，第二種則是不想要嫁人的。現代的男人，可以很粗略的分為兩種。第一種是已經娶到老婆的，第二種則是還沒娶到老婆的。前一陣子發燒話題，討論剩男剩女的問題，報紙上說剩女是自動選擇的結果，剩男則是被迫的結果，還說以後亞洲會引起「搶女人」的問題，看得馥眉在大庭廣眾之下當場笑出來。

為什麼會造成這種結果呢？

政府跟報紙拼命在生兒育女的天然比例上做文章、說現代女人擁有自己的經濟能力後眼光高……說了好多，也很有見樹地說了很多「建言」，像是鼓勵姐弟戀……等等諸如此類。不過，其實政府真正可以做的是：婚姻制度的重新規劃和舊有觀念的倒正。一個能夠經濟獨立且有自己想法的亞洲女人，不選擇婚姻其實是很正常的，尤其當一個女人有經濟能力、自己一個人也過得很開心後，為什麼非要把麻煩往身上攬？

PS：這裡說的麻煩不是指男人，而是比男人更棘手的問題——婚姻制度與舊有觀念。

有些女人結婚後，不太能回家照顧自己的爸爸媽媽，這是為了什麼？以前馥眉有個單親家庭長大的女性朋友，家裡只有她跟媽媽兩個人，婚後，過年除夕夜她「必須」回到夫家吃年夜飯，然後放媽媽一人獨自度過除夕夜。每年過年除夕她打電話給媽媽時，都是偷偷躲起來打電話，講到後來都語帶哽咽，因為她好想陪媽媽，只要一想到媽媽孤身一人過除夕夜，她的心就會隱隱發酸。

這只是其中一個非常小的例子，但所有事情都可以見微知著。剩男剩女的問題，可以很大，也可以很小。女人們可以做什麼？答案非常簡單。

想結婚的就結婚，重點是一定要挑個跟得上時代、有禮貌、懂體貼，而且有個開明家庭的男人嫁。不想結婚的就好好過自己的生活，理想中的單身生活裡，其實擁有更多的自由、開放、自我成長、自省、自己開心、保有更多自己的空間與時間。柴、鹽、油、米、醬、醋、茶的生活，我們看得還不夠嗎？是不是該活出一點跟昔人不同、屬於我們這個年代女人該有的樣貌？和以前的女人不同，現代的女人——單身也能有好人生！

總歸一句，只要是做自己，勇敢拿下自己真正想要的東西，都是好的，永遠、絕對不要退而求其次，因為——我們永遠值得最好！如果沒有完美情人可以擁抱，那就張開雙臂抱自己吧。擁抱自己並不等於只擁抱了孤獨或寂寞，只要我們保持內心的開放性，有時候我們更擁抱了許多出乎意料之外的驚喜、機會，與閃閃發亮的自由喔！

結婚沒什麼不好。

但——也沒什麼好。

幸福金鑰

§情人的體溫是陪伴彼此裡最迷人的禮物。

§情人間的對話也許不夠營養，卻充滿濃情蜜意。

§時間就是金錢，對情人來說，時間就是陪伴。

CHAPTER 3

當愛情遇上麻煩

噩耗如空襲警報突然來襲

聽著男友的話，樂樂突然覺得媽媽好像等一下就會痊癒一樣，被嚇得掉魂的自己，開始慢慢一點一滴恢復理智。

嚴雷半夜突然接到女友樂樂打來的電話，電話中，樂樂邊哭邊說話的聲音，把他當場嚇得直接從床上跳起身！「雷，我媽媽……剛起來上廁所……不小心……跌……我要怎麼辦？怎麼辦？」從小和媽媽兩人相依為命的樂樂，聽見媽媽驚喊一聲後，浴室緊接著傳來一聲悶響，等她趕到浴室時，就看見媽媽整個人歪倒在地上，一臉痛苦。

「先別慌，打電話叫救護車了沒？」嚴雷飛快套上長褲，隨手抓起一件襯衫和車鑰匙小跑步衝進車庫。「打了，我現在慌得……不知道該做什麼……」「先別緊張，我馬上過去，如果救護車先到，妳再打電話跟我說要去哪間醫院，手機記得帶著，現在去妳媽媽身邊安撫她……」一個多小時後，嚴雷坐在樂樂身邊，樂樂則抬頭注視著眼前的手術燈，緊張的雙手不斷微微發顫，緊緊握著！「別這樣，一定會沒事的。」他伸出手，輕輕握住她交握的雙手，溫柔地拍了兩下。「我會一直陪在妳身邊，直到伯母沒事。」

樂樂轉頭，看著他，神情依然不安，但已經可以勉強露出一絲寬心的微笑。她沒辦法想像，如果自己必須一個人獨自面對這些，現在是否還能如此安穩的坐在椅子上等消息，還是早就六神無主的猛掉眼淚？想到這點，樂樂心中突然充滿感謝。「雷，謝謝你這麼快趕到我身邊，不然我……我……」她突然哽咽。「謝什麼？我是妳男朋友，男朋友妳懂不懂？警告妳不要真的哭出來喔，不然我等一下一定跟伯母告妳的狀。」

聽著男友的話，樂樂突然覺得媽媽好像等一下就會痊癒一樣，被嚇得掉魂的自己，開始慢慢一點一滴恢復理智。經過醫生搶救，媽媽已無大礙，轉進病房，站在病床旁，等著媽媽麻藥退掉的那段時間，他的手輕輕握著她的，一直沒有放開過。樂樂依然很擔心媽媽，但有他當自己心裡的依靠，她便有自信自己一定可以鎮定以對。

當情人遇上難纏上司

「你剛剛是不是說這禮拜六？可是這禮拜六不是你奶奶八十大壽嗎？我們不是還約好要一起過去，給你奶奶一個驚喜？」鎮國聽了，暫停吃麵的動作，微微發怔後，露出一臉氣憤難擋的模樣——

「我現在這個老闆，真的有病！」鎮國掛斷手機後，用力把手機「砰」的一聲丟回桌面，抓起隨意插在湯麵裡的筷子，憤恨地吃將起來。

「怎麼了？」小田問，一臉擔心。鎮國不發一語，又吃了兩口麵後，才惡聲惡氣吐道：「我這禮拜六又被迫加班，如果真的有事要做就算了，問題是還真的沒有什麼事情要忙，只是因為老闆他不放心……算了，不說了，越說越氣！」小田見他氣得不清，靜眼看著，心裡只有一個念頭：得先讓他轉移注意力才行，這樣生氣對事情不但沒有幫助，而且對身體也不好。

她腦袋一轉，想起另外一件事。「你剛是不是說這禮拜六？可是這禮拜六不是你奶奶八十大壽？我們不是還約好要一起過去，給你奶奶一個驚喜？」

鎮國聽了，暫停吃麵的動作，微微發怔後，露出一臉氣憤難擋的模樣。「這下子好了，驚喜沒了！」「也不至於會沒了……」小田此話一出口，馬上看見鎮國張大雙眼，充滿期盼的眼睛就這樣直勾勾盯著她。

「不如這樣吧，我先過去，把禮物跟你要加班的可憐慘狀先跟奶奶報告。你放心，我會把你說得很可憐，雖然你是真的很可憐，不過重點是要讓奶奶知道你絕對不是故意的，然後等你忙完再過來。怎麼樣？」

鎮國聽到『我會把你說得很可憐，雖然你是真的很可憐』時，不太高興地揚高眉頭，直到她說『讓奶奶知道你絕對不是故意的』，才恍然大悟地露出安心的微笑。「可是我奶奶很難纏，她說不定會纏著妳說東說西。」事情能有個解決方法，他心底高興歸高興，但仍不忘替她想到。

最近奶奶逼婚逼得很緊，她自己一個人去，免不了要成為炮口，雖然他們已經自己約定好三十四歲再結婚，可是長輩們——尤其是奶奶，才不管這些年輕人自己的約定。

「沒關係，大不了等結束後，我加倍煩你就好啦！」小田燦爛地笑開，拍拍他肩膀，像在說「這個我會自己搞定，別擔心」。

「妳真的ok嗎？」面對鎮國不放心的追問，小田笑而不答。走出麵店時，鎮國雙手插在口袋裡，心情不錯地哼著歌，彷彿那通令他跳腳的「老闆來電通知」是上輩子發生的事了。

我請妳吃雞排，好不好？

「她給我一個電話，請我打電話到那裡訂雞排，接著掏出好幾百塊錢給我。大概是見我一臉困惑吧，那位小姐後來笑著解釋。不好意思，妳一定覺得我的要求很奇怪吧？」

「我請妳吃雞排，好不好？」小貓說。「那個小姐跟我買了一張電影票後，突然這樣開口問我，我被她嚇了一大跳，心裡還在懷疑，自己是不是遇到瘋子時？她又問了我一次。我請妳吃雞排，好不好？當下我只覺得心裡好毛，可是看那位小姐正常的模樣，真的很不像是瘋子啊！」

愛咪點點頭，表示理解。「這種情形我也遇過一次，不過是很晚去買雞排時，帥哥老闆問我，這兩隻雞翅送妳吃好不好？我愣了一下，還一度以為對方要追我，點頭說好後，抱著多送的兩隻雞翅回家，後來發現老闆真的只是想愛惜食物，是我自己想太多。」

「可是她是遇到『小姐』，不是先生。」馥眉忍不住跳出來制止愛咪，一面用眼神請小貓繼續把故事說完。「我當時也感覺很錯愕，本來想跟對方表明，我是異性戀喔，幸好那位小姐很快接著往下說，否則我就真得糗大了！」

「對方說了什麼？」愛咪急問。小貓接著往下說：「她先問我，戲院的工作人員有多少人？然後給我一個電話，請我打電話到那裡訂雞排，接著掏出好幾百塊錢給我。大概是見我一臉困惑吧，那位小姐後來笑著解釋。不好意思，妳一定覺得我的要求很奇怪吧？」

小貓說到這裡，突然笑了出來！「我那時候心裡想，是還滿怪的！可是有免費雞排可以吃，感覺就像天上掉下來的禮物一樣好！」

小貓收斂微笑，神情轉為認真。

「然後小姐開口為我解答了。她說，我朋友開雞排店，今天第一天開幕，我想要捧他的場，可是又不好自己去買，感覺好像都是自己人在光顧，我希望他可以比較……有成就感一點……妳可不可以幫我？」

「哇，好貼心的人喔。」愛咪忙不停直點頭。小貓也跟著點頭。「後來雞排送來了，我看著跟那個小姐差不多年齡的先生，心裡想著，這位先生，你還真不是個普通幸運的傢伙啊！」

「這位小姐一定是鼓起很大的勇氣，才跟妳提出這種要求的，真希望那位先生的雞排店生意昌隆。」馥眉聽完，忍不住發出感嘆。

「沒錯，希望他訂單永遠接不完！」愛咪也跟著祝福。

親愛的，謝謝你溫柔的陪伴

把衣服拿到下巴比一下就知道了，還要試穿？知道這些話會讓她不開心，阿樹硬生吞下這些話，朝她揮揮手。「好，妳快去，快去！我肚子有點餓了。」

小鳥喜歡買衣服，常常逛街逛到渾然忘我，也很愛一些日本或是格子趣的商店，只要一進入這些店，便可以看見小鳥一雙眼睛都在閃閃發亮！阿樹痛恨買衣服跟……買了搞不好根本連一次都不會用到的小東西，他稱這種購物行為是「浪費時間」。可是心裡想歸想，每次小鳥提議要去逛街時，阿樹什麼也沒說，乖乖騎著車，把小鳥送到她想去的地方，停好車，靜靜陪她逛街買衣服，必要時，他還得絞盡腦汁，努力分辨穿在她身上的每一件衣服看起來有什麼不同。

「阿樹，你幫我看一下，這兩件哪一件比較適合我？」小鳥每次在幾件衣服中，必須做出選擇時，就會呼叫阿樹，請他幫忙做決定！「都很適合啊。」阿樹瞄一眼，快人快語。「喔。」小鳥悶了起來。

「好啦，」阿樹見沒辦法敷衍過去，只好用力想了一下。「那件尖尖的比較適合妳，看起來臉比較長。」「什麼尖尖的？」小鳥輕輕瞪他一眼。「是V字領啦！」「我管他什麼領？」阿樹搔搔頭，嘴裡嘟囔著。「那顏色呢？我進去穿穿看，看哪一件顏色比較適合我的膚色。」

把衣服拿到下巴比一下就知道了，還要試穿？知道這些話會讓小鳥不開心，阿樹硬生把話吞下肚，朝她揮揮手。「好，妳快去，快去，我肚子有點餓了！」「好，我保證會快一點。」

阿樹用微笑恭送她進入試衣間，心想，她每次說的快一點，通常都是指一個小時以後吶……

親愛的，謝謝妳慧黠的陪伴

「嗯……」因為我看得出來，你比較喜歡那一台啊！

小鳥做出認真的思考狀，沒有把心裡真正的答案說出來，反而說。

「我覺得那台相機的功能，比較符合我們想要的需求。」

阿樹不疑有他，聽得直點頭……

阿樹對3C產品有莫名狂熱，先不管他有沒有自己跑去沒讓小鳥知道的那幾次，阿樹平均每兩個月要跑一次台北火車站跟光華商場，還有旁邊數不清的店家。阿樹一到這些地方就生龍活虎，還會認真到勤做筆記，經過一一比較後，一個月薪水有三分之一都砸在這上頭！小鳥一看到這些黑黑的、硬的要命又按鈕一大堆的機器，就想打哈欠，眼神開始到處亂飄。對她來說，就連廣告DM上的模特兒衣服跟動作，都比這些3C產品還要來的更有吸引力。不過，小鳥還是會陪阿樹去逛這些地方，有時候阿樹也會請她幫忙出點主意，小鳥也會努力思考應該要買哪一台比較好。

「我覺得這台比較好。」小鳥隨手指了一台相機。

「為什麼？」阿樹問。

「因為它外殼有粉紅色的，我希望自己被漂亮的粉紅色相機拍照。」

「喂，不要鬧喔！說真的。」他冷冷挑高眉。

「好啦，其實我比較喜歡那台黑色的夜拍天使。」

「為什麼？」阿樹又問。

小鳥偷偷瞪阿樹一眼！老愛問為什麼，好像她給的答案都很隨便一樣，她有時候可是真的都有思考過。（嗯……因為我看得出來，你比較喜歡那一台啊！）小鳥沒有把心裡真正的答案說出來，反而說：「我覺得那台相機的功能，比較符合我們的需求。」

阿樹不疑有他，聽得直點頭，霍然抬頭對老闆說。「老闆，我要那台黑色的。」小鳥在心裡偷笑著。看吧，她總是能一針刺中他要害！

認真聽她抱怨

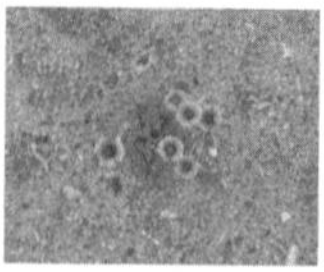

聽到這裡，夙琴再也忍不住笑出來！
「終於笑了喔。」阿龍跟著她笑開。
「你剛剛該不會是逗我的吧？」看著他笑，她突然覺得心情變得好好，雖然問題依然存在，但好心情比什麼都重要！

「你說，我老闆是不是很機車？他怎麼可以說我上班時間應該是在做執行的工作，企劃與發想是我下班『應該做』的事情？可是問題是——他有沒有想過自己只付我上班時的薪水，我的下班時間是我的，不是公司的！他這樣說，到底有沒有天良？」夙琴越說越生氣，說到後來雙手還不斷在半空中揮舞，以示憤慨！

「是還滿沒天良的。」男友阿龍坐在她身邊，雙手抱胸，看著電視裡頭無聊的節目，有一句沒一句地附和著。「更可惡的是，我把我每個月的工作總時數跟薪資相除，你知道我時薪有多低嗎？居然比加油站裡頭的工讀生還不如，我已經在考慮要去加油站工作了。我是說真的！」夙琴說得內心激昂，拳頭揮得更加用力，好像眼前真的有沙包任她練拳般英風颯颯！

「喔，那也不錯啊。」阿龍點點頭。夙琴危險挑眉，看向阿龍。「你剛剛說什麼？」「我是說──」阿龍眼睛從電視上轉開，直定定看著她。「妳真的要好好想清楚，不然開始找新工作好了？騎驢找馬，老闆太誇張，妳就把他fire掉，我挺妳！」

「說的跟真的一樣。」她放下拳頭，輕輕嘆口氣。

「我是說真的啊！」阿龍滿臉認真。「那萬一工作沒銜接上來怎麼辦？」夙琴皺起眉頭。「大不了我先養妳一陣子囉，在妳找到喜歡的工作之前，妳每個月可以來跟我領零用錢喔。」「我要點餐，你每天下班回來幫我帶我要吃的東西。」她一下子刷亮雙眼，腦子裡滿滿都是美味的小吃。麻辣滷味、香Q肉圓、蚵仔麵線、大腸麵線、皮脆內嫩的爆汁雞排……好幸福的美味啊！

「喔，這樣也可以啊，每天下班我就打電話回來請示，問太座想要吃點什麼？這樣不錯喔！不然我每天為了要吃什麼東西當晚餐，都好煩惱耶！」阿龍邊說邊擠眉弄眼。

「噗～～」聽到這裡，夙琴再也忍不住笑出來！「終於笑了喔。」阿龍跟著她笑開。

「你剛剛該不會是逗我的吧？」看著他笑，她突然覺得心情變得好好，雖然問題依然存在，但好心情比什麼都重要！

「妳可以試試看啊，看我是真心的，還是逗妳的。」「好啊，我明天就試。」夙琴對他挑了一下眉頭。

「可以啊，明天開始我下班的時候會先打電話給妳，請示晚餐要吃什麼比較好——」

幸福情侶共同點——接住該接的球

幸福情侶的共同點——
永遠都知道該怎麼接對方拋過來的球！

每年一到母親節，就是阿龍最頭痛的時候！阿龍有兩個媽媽，一個是生他的親生母親，每年會從美國特地飛回來找他過母親節，阿龍叫她，母親。另一個是爸爸在他廿歲那一年娶的妻子，阿龍叫她，媽媽。面對自己人生中有兩位母親這件事，早熟的阿龍很早就學會接受，只是每年慶祝母親節時，兩個母親之間的較勁，依然讓他覺得很棘手，阿龍不喜歡親人間起爭執，偏偏這兩個同樣深愛阿龍的女人，每次一碰面，便會暗潮洶湧。她們什麼都要比，也什麼都能比，首當其衝的不是夾在中間的老爸，而是他送的母親節禮物！為了這兩個母親節禮物，阿龍可以從吃完除夕夜團圓飯後，開始一路煩到母親節前夕。

再過一個禮拜就是母親節，阿龍到現在連一個禮物都還沒買，這兩個禮物要投其所好，又要價錢相差不多、品味相差不多，這樣才能顯現出他對兩位媽媽的心意其實也相差不多。可是問題就出在，母親愛用名牌，喜歡香水、皮包，媽媽比較樸實，喜歡養生，重視環保的產品。要在這兩人的喜好之間，找到一個共同點，對阿龍來說，簡直比登天還難！

夙琴見阿龍已經悶了好久，也問過他好幾次，阿龍總是片斷地陳述一部分事實，直到母親節前夕，夙琴才又問他。「禮物買好了沒？」

聞言，阿龍重重嘆了口氣。夙琴見狀，心裡偷笑一陣後，假裝不經意地丟出誘餌。

「我最近買了一個禮物要送給我媽，你要不要參考一下？」

「喔。」阿龍悶悶回了一句，顯然興致缺缺。

「這東西不錯喔！是名牌，味道很香，使用起來的效果絕對不輸香水，更棒的是它強調製作材料都是天然植物，也很實用。」夙琴看見他從心不在焉到豎起耳朵認真凝聽，假裝不經意又補了一句：「如果送你兩個媽媽一樣的禮物，就算她們想較勁，恐怕也較勁不起來喔！」

「妳送什麼禮物，借我看一下！」阿龍態度立刻轉為積極。夙琴拿出知名品牌做的沐浴乳、洗髮乳、天然植物精油肥皂，連牙膏都有，一整套，包裝得很漂亮，很有質感。

阿龍接過手，一掃先前的愁雲慘霧，一把抱住夙琴，開心的低喊：「謝謝妳幫我解決了一個大問題！」

「小事一樁。」夙琴內心偷笑著，輕鬆補來一句話，聳聳肩。

張開手，讓夢想飛翔

「妳覺得我們站這個角度拍照好看嗎？」
永翰覺得自己累得隨時都能睡著，可是他依然不停地說著話……

永翰在自己二十八歲時，毅然決然辭掉工作，自己一個人，帶著一台DV、一張照片、一個大背包，就這樣出去環遊世界了！永翰每到一個地方，就會從懷裡掏出一張照片，先湊近嘴親一下，對著照片說：「親愛的，這裡是巴黎，感覺還不賴，幸好我們有來，不過好像也沒想像中浪漫到無可救藥，這是巴黎很有名的咖啡店，妳先跟咖啡拍張照片吧。」說完，一聲「喀擦」，立即收錄當下這一刻！不管是飯店套房、世界各國的餐館、全世界知名景點、有名的名勝古蹟、博物館、古代皇宮與城堡，還是路邊隨便一間小店，只要永翰覺得她可能會喜歡的地點或東西，一定都會拿出照片，仔細擺放在物品旁、階梯上拍照。有時候為了拍出整棟建築物，也會央請路人幫忙拍照，那時候他就可以拿著照片，把自己的影像跟照片，一起收進相機裡頭。經過5個多月的旅行，身形瘦了一圈、下巴多了一圈鬍子的永翰終於回到台灣。

一下飛機，他先讓來接機的親朋好友幫忙把行李送回家，自己則立刻前往女友安息的地方。身邊的親朋好友們想阻止他，卻又不敢真的說出口，他們知道，這是他治療悲傷的最好方法。經過長時間流浪加旅行的永翰，疲憊不堪地坐在她的塔位前，手中拿著DV，把成千上萬張照片跟影片，一個、一個慢慢跟她解釋這裡是哪裡，東西好不好吃，有時候他還會停下來，問她：「妳喜歡這杯咖啡的味道嗎？」「妳覺得我們站這個角度拍照好看嗎？」

永翰覺得自己累得隨時都能睡著，可是他依然不停地說著話，彷彿只要他一直說下去，女友生前未能完成的夢想，便可以透過自己完成……

狗狗媒人

她抱著一腳明顯骨折、身上也不知哪裡正在流血的小黑狗，一步、一步往自己機車處走去。

「妳抱著狗去哪？」他見她像掉了魂似的，連忙出聲喊住她。

他跟她第一次相遇是因為他們現在的寶貝狗狗。那天晚上，天空下著大雨，她騎著機車正要回家，天雨路滑再加上視線昏暗，一條打斜跑出來的小黑狗就這樣硬生撞上她的機車！碰。砰！連續好幾聲悶響同時響起，她只知道自己好像撞到了一隻小動物，也不知道是貓還是狗，倒在地上的她，顧不得倒在路上的機車，連忙趨前察看被自己撞到的小動物。在她身後，轎車裡的駕駛也被眼前這一幕嚇出一身冷汗，只知道自己撞到了人，眼前那個騎著機車、突然停下又被自己撞倒的女人，現在正著急的跑到機車前面不曉得在看什麼？他連忙下車，甩上車門，小跑步到機車前，低頭，看見被自己撞倒的女人手裡正抱著一隻小黑狗站起身，嘴裡喃喃念著：「怎麼辦？一定是我撞到牠了，一定是我剛剛……」她抱著一腳明顯骨折、身上也不知哪裡正在流血的小黑狗，一步、一步往自己機車處走去。

「妳抱著狗去哪？」他見她像掉了魂似的，連忙出聲喊住她。「我帶牠去看醫生。」她愣愣回頭看著他，直覺反應地開口說話。「要不要我載你們去？」他暗示地看眼自己的車，提高嗓子說話：「現在正在下大雨！」「可是我們身上有血，會弄髒……」她猶豫，再看眼倒在一旁的破機車，心底頓時掙扎起來。「上車吧，我剛好知道這附近哪裡有獸醫院。」兩人合力把狗狗送進獸醫院後，狗狗經過檢查，確定有一隻腿骨折，沒有其他外傷，直到這時候，她才赫然發現原來早先的血是她磨破的手臂，不是狗狗的。

「我幫妳處理一下傷口吧。」始終陪在她身邊的他，手中提著不知何時向獸醫生借來的急救箱，正等著幫她處理傷口。原來他跟獸醫生是念書時期的好朋友，兩個都是醫生，只是各有所長。那個晚上，她手臂上的傷是他處理好的，狗狗被悉心醫治後，也跟著他回家了。在那之後，他藉著狗狗的名義，約過她幾次之後，兩人便正式交往起來，現在，小黑是他們的「兒子」，而那個天黑雨大的夜晚，帶來的不是災厄，而是一段戀情的浪漫開端。

幸福金鑰

§ 愛情總能讓人變得勇敢，卻似乎又還不夠勇敢。

矇著眼，經歷當下

清懋媽媽每天看著老爺爺睜著漸漸無神的眼睛，好像在等些什麼的樣子，不禁開始思考，老爺爺是不是還有什麼心願未了，所以才捨不得走？經這一思考，清懋媽媽突然想到，果然還有一件事！

清懋是家中三代單傳的獨子，雖然全世界都在倡導男女平等，但這股新潮思想似乎還沒吹進他們家族，至少他年事已高、已經九十三歲的老爺爺，根本不理會這股思潮。當醫生說，老爺爺沒有病，只是身體機能與器官因年齡關係，已經不堪負荷，才會出現虛弱症狀時，大家心裡都有數，老爺爺只是在硬撐著，還捨不得過去。

清懋的媽媽是個心細的人，每天看著老爺爺睜著漸漸無神的眼睛，好像在等些什麼的樣子，不禁開始思考，老爺爺是不是還有什麼心願未了，所以才捨不得走？經這一思考，清懋媽媽突然想到，果然還有一件事！

媽媽連忙打電話給清懋，要他約交往多年的女友——小語，一起來醫院看看阿公。曾經跟清懋媽媽見過面的小語，知道清懋媽媽是凡事都考慮周到的人，聽見男友的要求，又知道是清懋媽媽託付的，馬上答應願意來醫院一趟。

當晚，病懨懨的老爺爺，聽見清懋女友來了，努力睜開雙眼，還揮揮手要她過去。清懋雙手握著小語肩膀，小語則輕輕握住老爺爺的雙手，旁邊親戚圍著老爺爺起鬨著。

「爸，清懋這個女朋友漂不漂亮啊？」老爺爺點點頭，嘴角微微向上勾起。親戚抬頭對小語說：「我們家爺爺向來實話實說喔，上次阿忠帶他女朋友來，不管我們怎麼問，他都不回答，等到人家一出病房，他居然馬上問說，啊怎麼那麼醜啊？」眾人聽了，全都輕輕笑開來。小語跟大家一起聊天，也把清懋的手拉過來，讓他緊緊握住爺爺孱弱的雙手，離開病房後，清懋一手攬著她肩膀，低聲對她說。

「謝謝妳今天來看爺爺。」

「你幹嘛跟我道謝，我來看爺爺，可不是為了你喔，少往自己臉上貼金！」小語輕輕睞他一眼。

「不是為了我，那是為了誰？」清懋不以為然地問。

「是為了你媽媽，跟你爺爺啊。」

「為他們，就等於是為我，意思一樣！笨女人。」清懋幸福地輕哼。

「臭男人，就說了不是為你……」

清懋媽媽後來才對小語解釋開來，自己想到爸可能是放心不下清懋將來的婚事，才會一直捨不得離開，所以才會叫兒子約她到醫院一趟。兩天後，爺爺便無病也無痛地臉上掛著微笑走了。

偶爾依靠我一下，不行嗎？

「你——」黛宗震驚到不知道該說些什麼才好。
「妳不要這麼硬脾氣。」定謀輕輕嘆了口氣。
「沒道理妳幫我就可以，我幫妳就不行吧？偶爾依靠我一下，不行嗎？」

黛宗是間平面設計公司的老闆，手底下有五至六位的員工，自己則負責跑外務，接案子跟洽商等工作。這陣子，經濟不太景氣，手中的案子一下子減少了好多，為了平衡公司內部的人事開銷，黛宗常常煩惱到幾乎快夜夜睡不著。從事代理國外品牌服飾的男友——定謀知道，暗中安排了幾件案子給她，黛宗知道後，直接找上定謀理論，要他把那幾個案子通通收回去！定謀一聽見她主動說要來公司找自己，心裡便有幾分底，支開閒雜人等後，打算跟她好好溝通一下。

一進門，人還沒坐上椅子，黛宗便直接開門見山地說：「那幾件案子請你或者是你朋友拿回去吧，勝之不武的案子，我不想接！」定謀將她拉到沙發區，等秘書送進咖啡後，才緩緩開口：「可以啊，那妳之前免費幫我做的那些平面設計，開收據過來，這次我堅持一定要付妳錢。」黛宗詫異地張大雙眼，她幫他設計已經多久以前的事情了，他居然還提出來說要付錢？

「這是兩碼子事，你怎麼可以混在一起談？」她立即抗議。「在商場上就是同一碼子事，妳幫我設計不收費，我幫妳介紹工作，自然也是理所當然。」定謀這次也很堅持。「你——」黛宗震驚到不知道該說些什麼才好。「妳不要這麼硬脾氣。」定謀輕輕嘆了口氣。「沒道理妳幫我就可以，我幫妳就不行吧？偶爾依靠我一下，不行嗎？」

原本打定主意絕不接受他幫忙的黛宗，被他一句「偶爾依靠我一下，不行嗎」給打動了！她看著他誠懇的微笑、不肯妥協的眼神，心中偷偷嘆口氣。「好，不過下不為例喔？」他沒有回答她，低下頭，以一個疼惜的吻當作回答。

【愛情配方】

支持與往前衝的勇氣一樣大

有人會頭殼發燙、拿一億元去圓一個不曉得能不能成功的夢想，中間還得冒上失敗與負債累累的風險嗎？

答案：還真的有。

而且他還跌破眾人眼鏡的——成功了！

「支持情人想要做的事」，這不只是件很難做到的事，而是一件非常、非常難做到的事！台灣出了兩名大家耳熟能詳的大導演，一位是揚名國際的李安導演，一位是魏德聖導演。李安導演在揚眉吐氣前，曾悶在家中寫了好幾年的劇本，這段時間，他沒有出去工作，家中經濟重擔全扛在老婆身上，在他日後成名，某次手裡捧著一碗魚翅吃，吃到一半時，突然掉下兩行清淚，眾人吃驚，連忙問他，怎麼了？李安回答：「我只是想到以前沒辦法讓妻兒過好日子，連一碗魚翅也吃不起，現在我終於能讓他們吃得起了。」

另外一個大導演，台灣土生土長的魏德聖導演，在電影《海角七號》大成功後，終於可以一圓他多年前真正的夢想——砸大錢，拍攝全台灣無人不知、無人不曉的電影《賽德克巴萊》！在電影《海角七號》成功後，某次魏德聖與妻子送孩子上學，回家途中，兩人閒聊到《海角七號》，不敢相信他們居然擁有一億的存款。這是多麼夢幻的數字，很多人一輩子也賺不到這麼多的錢。轉個念頭，他們又想到，這筆錢很快便會從存款簿上消失不見，他們即將從身價一億轉變成負債累累。有人會拿一億元去圓一個不曉得能不能成功的夢想，中間還得冒上失敗與負債累累的風險嗎？

答案：還真的有，而且他——還成功了！在大家看見這兩位大導演的風光背後，其實真正支撐著他們理想的力量有二，而且缺一不可。一個是勇敢堅持自己的理想與夢想，另一個則是來自另一半無條件的支持。在這裡，馥眉不想老調重彈，談成功男人背後怎麼了，而是想問——女人呢？女人心中的夢想都去哪了？

女人其實是有自己夢想的，而且往往想得比男人還多，從每年出國玩或是到國外打工度假的男女比例上便可窺見，女人出國的比例佔了將近八成以上。現代女人已經具備展翅高飛的能力與勇氣，現在只缺一樣東西——企圖心。

【愛情配方】

現在女人要的，不只是陪她吃蘋果就好

根據美國皮尤研究中心二〇一二年四月十九日公布的調查報告中，公開了幾筆數據，在美國十八到三十四歲的年輕女性中，有六十六%認為高收入、事業成功是人生中重要的事。

歡儀坐在咖啡廳的沙發上，臉上畫著淡妝，看著，不像上妝，反倒比較像氣色極好的模樣；一身淡寶藍色裙裝，腳踩一雙香奈兒復古低跟鞋，纖細的身材是靠減肥來的。

「我已經跟他分手了！」當姐妹們問起她和男友的相處近況時，居然得到這樣令人錯愕的答案？馥眉張嘴正要問，結果同桌的射手座友人幫忙問了，馥眉剛好樂得一邊喝咖啡、吃蛋糕，一邊配上大家的妳一言、我一語。「這是為什麼？先前妳不是還說這個男朋友很棒，妳減肥的時候，不但不會抱怨妳什麼東西都不敢吃，破壞他用餐的興致，甚至還會陪妳一起吃蘋果減肥。我還以為妳這次終於找到真命天子了，結果好像——」友人問。「——不是？」

「是啊，結果好像真的不是這樣。」歡儀手指勾起歐洲經典款咖啡杯，優雅就口，輕輕啜飲一口香濃咖啡。「為什麼？是有人劈腿、偷吃，還是又個性不合？」另一位友人問。「都不是。」歡儀溫溫笑開。「是妳變了，還是他變了？」這句話其實真正想問的問題是——分手是誰提的？妳，還是他？大家屏息以待。「我沒變。」聽見歡儀這樣說，大家同時點點頭表示了解。分手是歡儀提的。可是——為什麼呢？

歡儀放下咖啡杯，發出輕巧的一聲「叩」，接著，緩緩往下說：「妳們有沒有看過先前在美國做的一項報導，我記得是在報紙世界版上看到的，標題寫著『美國女性事業企圖心首度超越男性』。根據美國皮尤研究中心公民調查結果，顯示高達三分之二的女性將事業成功和高收入，視為自己人生最重要的選項，這個比例已經超越男性，在皮尤研究中心二〇一二年四月十九日公布的調查報告中，還公開了幾筆數據，在美國十八到三十四歲的年輕女性中，有六十六％認為高收入、事業成功是人生中重要的事。」

「哇，這真是——」友人驚呼。「好可觀的數字。」另一名友人點點頭。「我比較想知道男女比例，做個對照。」馥眉問。

在科技公司擔任主管的歡儀，對數據記憶相當有一套，聽見馥眉的問題，輕輕鬆鬆馬上開口回答：「二〇一二年，女性六十六％，男性五十九％，但在一九九七年時，男性五十八％，女性五十六％。」

「男性幾乎沒什麼改變，女性卻從五十六％變成六十六％。」馥眉心底浮起一個困惑。「所以你們分手的原因，是因為妳要到哪裡出差很久，而他卻不答應？」

「妳猜對了。」歡儀自信飛揚地笑開，說這些話時她整個人都在閃閃發亮。「下個月我就要飛去德國，兩年後回來，歡迎妳們來德國找我玩啊，住宿完全免費喔！」

CHAPTER 4

愛情裡，我們個個是主角

謝謝你陪我一起堅持走完

醫生見狀，也交代恐怕要好好照顧，不宜再繼續旅行，
那時候他們已經抵達墾丁。
錦臻看著默默收拾行囊、正打算去訂火車票回台北的超榮，
心裡有個聲音正在大聲尖叫著——

錦臻與超榮在進入就業市場前，一直苦思著該送自己什麼畢業禮物才好，最後他們各想了一個，寫在白紙上，折起，然後交給對方。白紙一打開，上頭不約而同寫著：全台走透透。騎單車環島旅行。他們相視一笑後，開始擬定「實現計劃」！兩人一起密集打工，努力存錢，每逢假日便勤於鍛鍊自己的體力，以前散步當約會，現在則以慢跑當約會。畢業時，因存的錢買不起完善的腳踏車裝備，兩人曾經一度萌生想要放棄的念頭。後來，知道有地方可以用租借的方式，租到很不錯的腳踏車，坎坎坷坷的環島之行，最

後終於能如願成行。他們花了兩個多月的時間，完成屬於兩人的畢業旅行，情況最糟的時候，還得在草堆裡搭帳篷。皮膚容易過敏的錦臻才睡了一夜，隔天醒來，又大又癢的紅腫令她差點直接放棄這趟旅行！

超榮見她身上都抓破皮，心疼之餘，立刻火速衝下山帶她去看醫生，好不容易就醫，醫生見狀，也交代恐怕要好好照顧，不宜再繼續旅行，那時候他們已經抵達墾丁，剛好是旅程的一半。錦臻看著默默收拾行囊、正打算去訂火車票回台北的超榮，心裡有個聲音正在大聲尖叫——絕對不能現在回去！如果現在回去，之前的努力不就通通白費了？況且有些事現在不做，等兩人開始進入職場後，就算有心想做，恐怕也做不了。念頭還在腦子裡奔馳，她便聽見自己緩緩開口。

「我還不想回去。」「錦臻？」他眉頭皺得死緊，定定看著她。「不要勉強，妳的身體已經在抗議了。」「我沒有勉強。」錦臻看著他，一字一句慢慢說：「我想要把它走完，如果你堅持要回台北，你自己先回去好了，我不想就這樣放棄。」超榮沒輒，只能順著她，兩人又踏上未完成的行程。靠著「一定要完成」的決心與毅力，他們最終究順利完成環島旅行。多年後，當兩人說起這段往事時，臉上的微笑都有些得意，像在說——幸好那時候我們都有堅持下去。

那天，每個人都在送禮物給我

後來繼續走，突然又冒出一個人，說是要送我試吃的巧克力，原以為了不起頂多一小顆，未料，放到我手中的居然是一大盒？這下子就算我再笨，也該猜出事情不太對勁了。

「如果不是他，我這輩子恐怕也不會有這麼特別的經驗，說真的，這個方法雖有些老土，但卻是我人生中前十大的浪漫回憶！」

栗兒拿起眼前新鮮的水果冰茶，啜飲了一小口後，朝好友們笑了一下，才緩緩接著往下說。「那是在我們剛交往的時候，那天我離開自己在外頭的租屋，按照平常路線走路去上班，突然路上有人發了一盒知名品牌的盥洗用品，整整一大盒，裡頭有沐浴乳、洗髮精、浴球、洗臉香皂，還有一小罐貴鬆鬆的香水，說是試用包，要送給我？那時候我心裡還想，現在廣告行銷已經要做到這種地步了啊？」

栗兒偷偷笑著，眉梢眼尾有掩飾不了的幸福。「後來繼續走，突然又冒出一個人，說要給我試吃的巧克力，原以為了不起頂多一小顆，沒想到，放到我手中的居然是一大盒？這下子就算我再笨，也該猜出事情不太對勁了。」話說到這裡，大家心裡也大概有數。「等我到公司時，手裡已經抱了一大堆禮物，最後還有人送來一大束花，我看到時超級……心疼！拼命忍住才沒有問快遞，這一大束花要花多少錢啊？又不能吃，也不能用。後來我在花束裡看見一張卡片，上頭寫著『生日快樂』，直到這時候，我才猛然想起那天是我的生日。」

栗兒臉上幸福的微笑很燦爛。「後來下班時，他打電話過來，我才知道，原來他心裡一直很在意，我的生日是我們正式交往後，第一個遇到要慶祝的日子，他因為要到美國出差，沒有辦法陪我一起過，才會在出國前，默默為我安排了這些小驚喜……」

兩張手做的母親節卡片

「好，話我來寫，你簽名就好，這樣總可以吧？」
「就跟妳說——」他話說一半，看見蓉嬛正冷冷瞪著自己，嚥了一下唾沫，連忙改口。「好啦！」

從國小三年級開始，因為老師在母親節前，交代了一項繪製母親節卡片的作業，繳交完作業、老師批回後，蓉嬛把卡片轉送給媽媽，看著媽媽捧著卡片細細閱讀的樣子，在她小小心中偷偷下了一個決心——以後每年母親節，她都要親手給媽媽做一張卡片！這個小習慣一直持續到她學校畢業、開始在外工作都從未變過。和男友小城交往一年多，某天，小城買了能止頭痛的藥，到蓉嬛住所找她，湊巧看見剛打電話給自己說頭痛又發作的她，正在製作母親節卡片。兩人窩在小小的客廳裡，一個坐在沙發上看熱鬧，一個坐在地毯上忙著繪製卡片，很自然的，以此為話題，開始聊著彼此從前的母親節都是怎麼度過的？聽到小城說，自己從未幫媽媽畫過一張卡片，家裡的兄弟姐妹好像也都沒有這個習慣，蓉嬛覺得很驚訝。

「你們家從來沒有慶祝過母親節？」蓉嬛問。「對啊，很奇怪嗎？」小城聳聳肩。

蓉嬛硬生吞下「對我來說是滿奇怪」的話，朝他微笑一下，改口說：「反正我現在正在做卡片，材料跟工具都很現成，我們要不要順便幫你媽咪做一張母親節卡片？」「可是我們家沒有這個習慣。」小城抬起雙手，在胸前死命揮呀揮！

「沒有這個習慣，不代表你媽咪沒有過母親節的期待。」「不用啦——」抵死不從。

「不然我幫你做卡片。」蓉嬛見風轉舵，馬上抬出折衷辦法。「你只要在上面寫幾句話就可以了，你總有想要跟媽媽說的話吧？」「其實也還好。」小城搔搔頭，臉色為難。

「我真的不知道要寫什麼。」「好，話我來寫，你簽名就好，這樣總可以吧？」

「就跟妳說——」他話說一半，看見蓉嬛正冷冷瞪著自己，用力嚥了一下口水，忙改口。「好啦！」最後，小城真的只有簽名而已。母親節過後，蓉嬛問起卡片的後續發展。

「我媽看了就笑笑的啊！」小城表情靦腆地說，臉頰甚至有些紅暈。「我老姐在旁邊一直偷笑，結果被我老媽瞪。」小城表情轉為些許得意。

「那明年你要不要再寫卡片給你媽？」她問。

「喔，可以啊。」

「不過明年你要自己做卡片。」

「是喔？」

「是，放心，我會教你怎麼弄。」蓉嬛拍拍小城的肩膀，給他一個自信滿滿的微笑。

「別擔心。」

進開刀房前的約定

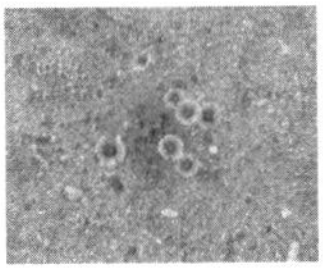

「一整天陪我做檢查都沒吃飯，怎麼可能不餓？」她搖搖頭。

「你不要管我啦！」不太擅長表達感情的小城，用力扭眉，察覺到自己直衝的語氣後，暗中握緊她的手，態度立刻放軟。

「妳可不可以好好想妳自己就好？」

在蓉嬛跟小城交往的第三年，蓉嬛被檢查出腦袋裡頭長了一顆瘤，醫生交代，如果不盡快割除，將來壓迫到視神經，她有可能會完全失明。在進開刀房前一晚，大家都來給蓉嬛加油打氣，說說笑笑的每張臉孔裡，都鑲著一對擔憂的眼睛。

「難怪她以前常說自己頭痛……」小城媽媽突然哽咽。此話一出，眾人皆微微怔住！

小城媽媽猛然意識到自己不小心脫口而出的話，雙手飛快摀住嘴巴，雙眼瞪得斗大。

「對呀，幸好進新公司的健康檢查即時找出毛病。」蓉嬛笑瞇瞇地說，緩和當下僵凝的氣氛。隨後兩家家長離開病房，相約到醫院樓下用餐，臨走前，小城媽媽感激地看她一眼，蓉嬛回以一個大大的微笑。至於小城，則寸步不離守在她病床旁。

「你要不要跟大家一起去吃點東西？我一個人很好，沒問題的。」蓉嬛躺在病床上，看著自己始終被他緊緊握住的手，低聲問。

「我又不餓。」

「一整天陪我做檢查都沒吃飯，怎麼可能不餓？」她搖搖頭。

「你不要管我啦！」不太擅長表達感情的小城，用力扭眉，察覺到自己直衝的語氣後，暗中握緊她的手，態度立刻放軟。「妳可不可以好好想妳自己就好？」

「放心，開刀一定會很順利的。」蓉嬛知道他因為自己的病，正焦慮不安著，沒怪他，反而溫溫地笑著。「這還用妳說？」小城挑眉，看著她輕哼，爾後想想似乎不對，連忙出聲抗議。「等一下，妳才是病人耶。不要安慰我啦！」

「喔。」她張著無辜的眼睛，心裡正在偷笑。「對了，跟妳說喔，昨天我親手做了一張超精美的卡片，明天妳敢慢一分鐘醒來，我就把它丟進垃圾桶。」

看著小城語帶威脅、佯裝出不滿的表情，蓉嬛終於忍不住輕笑出聲。「你白癡喔，誰稀罕你的卡片……」她揚高下巴，輕瞅他一眼。「我一睜開眼睛馬上就要看到！」

「好，我保證妳一睜開眼睛，馬上就可以看到卡片！」小城說到卡片眼睛立刻發亮。「我做超久的，為了把上次去澎湖的星砂黏一點上去，整夜沒睡在那邊一直黏……」

蓉嬛笑著聽他說，心頭暖流竄動，連眼框也突然變的熱熱的，原來這個男人的浪漫就是——明知道自己並不擅長某些事，可是為了她，還是會卯足全力拼命去做……

打烊後的咖啡廳

等忙完了手邊工作，見錦臻依然睡得很沉，
超榮在她身邊位置坐下，靜靜端詳她睡著時的模樣，
他越看，嘴邊微笑越來越收斂，直到眉頭輕輕皺起，
他站起身，走離她身邊。

大學畢業，超榮工作了幾年後，存了筆錢，開了一家自己心目中的夢想咖啡店。女友錦臻常常過來幫他一起打烊，超榮心疼女友自己工作已經夠辛苦，還堅持天天來店裡幫忙，不時勸她下了班，就應該回家好好休息。錦臻是室內設計師，平常趕圖、改圖、與業主協調溝通已經夠忙、夠累，由其在案子快要完工時，更是忙得頭腦發脹！這天，錦臻處理完工作，來到咖啡店時，見店裡還有客人，她便默默走到自己平常坐慣的位置，靜靜等店裡都沒人了，再陪超榮一起擦地、收桌。大概是一連兩個案子都快要完工，累

極的她一面等，腦袋一面越來越沉重，最後終於投降，趴在桌子上睡著了。超榮送走最後一組客人，回過頭，正好看見她睡得香甜的側臉，他望著她，不自覺微微笑開來。他盡量放輕手勁跟腳步聲，有條有理收拾著店面，有時候椅子不小心刮了地板，還會渾身乍然一抖，轉頭，急切看向她的方向，深怕自己製造出來的聲響太大，把她給吵醒。

等忙完手邊工作，見錦臻依然睡得熟沉，超榮在她身邊位置坐下，靜靜端詳她睡著時的模樣，他越看，嘴邊微笑越來越收斂，直到眉頭輕輕皺起，他站起身，走離她身邊。錦臻忽地轉醒，甫睜開眼睛，就聽見有人在耳邊問。「醒啦。餓不餓？我幫妳準備了一些吃的東西。」話說完，超榮放下手中托盤，濃甜的熱可可香氣馬上撲鼻而來，托盤上還有一塊小蛋糕跟一碗分量剛好的海鮮麵。她摸摸肚子，仰頭對他笑。「你怎麼知道我餓了？」「我怎麼可能知道妳餓了？」他無奈地笑了一下。「我是看妳瘦了，特地做這些東西來逼妳通通吃下去。」超榮將筷子跟湯匙放到她手裡，低聲叮嚀。「趁熱吃。」

後來，超榮的咖啡店越做越大，還連續開了好幾家分店，生活變得比較寬裕後，錦臻最常想起的——是那一夜的宵夜話家常。

善用每個機會，賺取「最大快樂值」！

她微笑著，但視線始終沒有一個可以棲息的地方。
抽獎活動將耶誕舞會的氣氛拉升至最高點，
緊接著音樂跟著一下，現場大部分的人馬上跟著輕輕舞動起來。
芳華默默退到會場的邊邊角角，突然——

聖誕節時，芳華就任的美商公司舉辦一場小小的耶誕舞會，並邀請所有職員攜家帶眷一起共襄盛舉！芳華父母都遠在南部，對這類活動也不太感興趣，朋友們在耶誕節也大多有各自的約會，不克前來。

她打電話給男友齊智，按照往例，那天是他高中那群死黨的固定聚會。沒有人能陪她一起參加公司的耶誕舞會，剛進公司半年多的她，在主管壓力下，也不敢不參加。耶誕舞會當天晚上，芳華坐在飯店宴會廳角落，看著大家以家庭為單位，各自熱絡說著話，聊著在這間公司的福利與工作，感覺有些孤單。

幾個同事見她自己一個人，好心過來跟她聊上幾句話，可是他們身邊都有家人或情人，也不能一直陪她。隨著時間流逝，耶誕舞會的高潮終於來了！老闆一出場，馬上大玩抽獎遊戲，隨著獎越來越大，大家的情緒也越來越高漲，其中一個獎項是20吋的液晶螢幕。

「得獎的是——」主持人接過由老闆抽出的單子。「員工，芳華小姐！」

芳華呆了一下，才快步上台領獎。雖然同事都很捧場地給予掌聲，她微笑著，但視線卻始終沒有一個可以棲息的地方。抽獎活動將耶誕舞會的氣氛拉升至最高點，緊接著，音樂跟著一下，現場大部分的人馬上跟著輕輕舞動起來。

芳華默默退到會場的邊邊角角，突然，一記熟悉的聲嗓在她背後響起。

「原來妳躲到角落，害我找好久！」聞聲，芳華輕顫了一下，火速回頭，赫然發現齊智居然就站在自己身後，他不是正在跟朋友聚會嗎？「你不是——」她詫異的微微張開嘴。

「我是。」齊智兩個大步，走到她身邊。「可是想到妳自己一個人參加聚會，我就覺得好像哪裡不太對勁，最後連我那群死黨也瞧出端倪，就嚷嚷著叫我快點滾到妳身邊，還說我人在心不在，很礙他們的眼。」

男友說得委屈，芳華卻聽得心花怒放！「噗～～」她霍然大笑開來。「你的死黨們講話都好直接。」

「是啊。」他朝她伸出手，掌心向上，對她提出邀請。「妳打算繼續待在這裡，還是跟我下去跳個舞？」

她的回答是——直接把手放進等待的掌心裡。

看著離去的背影，心——其實很痛

那是阿國最後一次送小風回家，
明明是個有星星、月亮的夜晚，她卻覺得身體好冷，心好痛……
阿國看著她，沒有說話，最後點點頭，
轉身離開她模糊的視線……

小風跟男友感情一直還算不錯，大學時代阿國跟她告白後，兩人開始交往至今，阿國個性非常善良，同時也有點懦弱。小風很愛阿國，每次光是見到他，便會不自覺露出微笑，覺得自己好幸福，她是真的很愛他。

出社會工作後，阿國的朋友群開始跟小風不一樣，在那群同事兼朋友裡，有個女姓朋友家裡常常出狀況，有一次，甚至連續好幾天都沒來公司上班。

阿國很擔心她，跟同事一起試圖聯絡上對方，後來才了解對方父母離異，她從小跟著父親長大，小時候父親沉迷於玩股票，輸光身邊所有錢就跟媽媽借，還慫恿並暴力強迫母親跟娘家借錢，母親不肯，忍耐了好幾年後，有天突然不見了，從此父親的出氣筒變成她，動不動就對她拳打腳踢！

出社會後，她離家自己獨立生活。有好長一段時間，阿國跟小風幾乎完全沒有聯絡，小風問他為什麼，阿國說自己最近很忙，一直在陪對方。原來阿國朋友前幾天被男友甩了，父親又找上門要錢，接二連三的打擊讓她在某天晚上吞食許多安眠藥，企圖自殺，幸虧同事們發現的早，送醫急救後，救回一命，脫離險境，後來由同事們輪流去陪她。

小風知道這些事情後，內心充滿不安，但阿國只是希望小風可以包容這一切。漸漸的，小風跟男友又更少聯絡了，直到分手前一天，小風要求阿國帶她一起去照顧對方。對方長的很美，舉止動作流露出被命運折磨的悲傷，後來阿國出去買飯，小風跟她尷尬地坐著，對方看著小風，主動對她說：「阿國是個很體貼的男人，妳可不可以成全我們？」

當下，小風只覺得自己對男友的信任完全崩盤！和男友一起離開後，小風把剛才發生的一切通通告訴阿國，結果他居然只聽不說，什麼也沒有辯解。

小風幾乎馬上明白自己身上發生了什麼事！那是阿國最後一次送小風回家，明明是個有星星、月亮的夜晚，她卻覺得身體好冷，心好痛……

她忍住沒有哭，進門前，看著阿國，對他說：「謝謝你送我回來，不過，我希望這是最後一次，請不要再跟我連絡。」

阿國看著她，沒有說話，最後點點頭，轉身離開她的瞬間，小風的視線立刻變得極為模糊……

烤焦的蛋糕

清牡打開一個大盒子，
裡頭有個醜醜的，甚至有些烤焦的蛋糕，
天桐看了，立刻狠狠皺起眉頭。
「這是什麼，能吃嗎？看起來好可怕！」他嚷著。

天桐家境富裕，從小要什麼有什麼，才剛念國小三年級，便被家人送出國外念書，他是全家人寄予厚望的中心。在美國念書時，他認識了同一批去美國的清牡，因為背景相似，兩人很快交往起來，後來清牡父親經商失敗，她便回台灣念大學。隔年，天桐生日前一個多禮拜，特地從美國回台，清牡知道後，主動表明要幫他過生日，天桐聽了，開心的連續好幾天睡不著覺。生日當天，天桐耐著性子，先跟家裡的長輩們吃飯、切蛋糕、拆禮物，一抓到機會可以開溜，馬上衝去找清牡！兩人開車衝上陽明山，找了個僻靜又能看見夜景的地方停下車，雙雙坐在石頭上。清牡打開一個大盒子，裡頭有個醜醜的，甚至有些烤焦的蛋糕，天桐看了，立刻狠狠皺起眉頭。

「這是什麼，能吃嗎？看起來好可怕！」他嚷著。聞言，很了解他的清牡，伸出手，握成拳頭，重重往他胸前餵過去一記狠拳！「漂亮又精緻的蛋糕，你吃過那麼多，還不膩嗎？這個蛋糕看起來雖然不怎麼樣，吃起來可能也好不到哪裡去，可是保證新鮮現做、營養滿分喔。」清牡很認真地說著「誰說這個蛋糕不怎麼樣？」他沒好氣，輕睞她一眼。「這是我見過最漂亮的蛋糕，妳少說它壞話，難得我心情不錯，別來搞破壞！」

清牡心底偷笑著，從包包裡掏出蠟燭跟打火機。「我有帶蠟燭，要不要唱生日歌、許願、吹蠟燭？」「我是不喜歡搞這些娘娘的事情啦，不過，既然妳這麼熱心，我就勉強陪妳鬧一下好了。」「聽你講的。」清牡嗔他一眼，嘴邊有笑意。

她忙著點蠟燭，映著燭光，手腕上稍早被燙傷的痕跡突然被他眼尖發現，天桐一把抓住她的手，抬眼看她——「這是什麼？」「做蛋糕不小心燙到的，回去擦一下藥就好了，幹嘛大驚小怪？」她用力抽回手，把眼前所有蠟燭一一點上。「花錢就可以解決的事，妳幹嘛要讓自己受傷？」天桐眉頭皺得快要打結！

心意不一樣。她緩緩挑高雙眉，靜靜看著他也不解釋。他見狀，鬆開眉頭，從兩人注視裡看出她沒有說出口的話，接著兩人開始唱起生日歌、許願、吹蠟燭、吃蛋糕。

許久後，天桐眼睛看著山下萬盞燈光，音調略微沙啞的揚嗓：「清牡，這是我第一次吃到有人親手為我做蛋糕，以後我每年生日，妳都要做給我吃。聽到沒？」

「萬一你人在美國呢？」清牡微笑著看向他，心裡知道他是因為心疼自己手受傷，才會一時心急口快說出那句話，心裡其實是懂得她的。

天桐轉過臉，直定定看著她：「我會回來，回來吃妳幫我做的蛋糕。」

朝聖圖書館

朋友們知道他們平常假日都是這麼度過時，沒有一個不表示驚訝，每次看著朋友驚詫不已的模樣，溋怡和紹合總是默契十足的互看一眼，然後異口同聲回答。「其實一點都不辛苦。」

儘管畢業了，溋怡和紹合還是常常回到大學母校裡頭的圖書館念書，一個準備考公務員，另一個則準備考證照。他們擁抱著共同的小小願望：希望將來能共組一個快樂且甜蜜的小家庭！心中擁有堅定的明確目標後，假日時兩人的約會地點，十有八九都選擇在圖書館裡度過。

溋怡和紹合總是捧著不同的書本，懷抱相同的願景，從早上圖書館一開門便進入，直到閉館時，兩人才手牽著手，一起步出圖書館。在他們走出圖書館的那一刻，心情才會變得比較放鬆，假日放假時的優閒感才會在兩人之間慢慢湧現，他們會積極討論晚上要吃點什麼好吃的東西，好好犒賞一下自己！

有時候，溫怡和紹合只是吃顆兩人認定是全世界最好吃的肉圓配魚丸湯，也能讓他們有「能吃到這麼好吃的東西，真是一種極大的享受啊」的讚嘆，日子簡單卻很滿足……朋友們知道他們平常假日都是這麼度過時，沒有一個不表示驚訝，每次看著朋友驚詫不已的模樣，溫怡和紹合總是默契十足互看一眼，異口同聲回答：「其實一點都不辛苦。」

朋友們沒一個相信他們的說詞，溫怡和紹合也只能透過彼此眼神的交流，偷偷對話著。怎麼辦？他們都不相信。不相信就算囉，至少還有我知道妳心裡的感覺。是啊，幸好還有你知道。

經過兩年的努力，溫怡和紹合一個順利考上公務員，一個拿到證照從事專業的金融分析工作。另外，他們還計劃等工作一年、收入比較穩定後，兩人便要攜手一起步入人生下個階段。每當有朋友問他們。「你們交往這麼久，最懷念的日子是哪一段？或者是最浪漫的一次約會是去哪裡、做了什麼？」每次聽到這樣的問題，溫怡和紹合還是會默默互看彼此一眼，然後異口同聲回答。「去圖書館念書拼考試的那段日子。」不過，朋友們這次依然還是不信！

幸福金鑰

§ 外人眼中的苦，有時反而是情人們共同擁有的小小甜蜜。

站在相同高度的情侶鞋

清牡每想到這件事，心裡就有想笑的衝動。
「那個幾乎有一半都焦掉的蛋糕？」
見清牡點點頭，兩位朋友同時不敢苟同地搖搖頭。
「那他一定很愛妳！」

「這雙鞋子，他也有一雙同款的，是我們的情侶鞋。」清牡指著鞋櫃裡一雙一千多塊的知名運動球鞋，滿臉笑意地說著。「情侶鞋？你家那個不是對什麼東西都很挑剔，居然肯玗尊降貴買這款鞋子，而不穿限量版的？」朋友丞瀾滿臉驚詫。

「前陣子，某明星在電視上說一萬塊的鞋都不算貴時，我們大家罵得要死，結果妳那口子居然還一臉莫名奇妙地問『一萬塊算很貴嗎』？那時候我還在想，這到底是從哪裡來不食人間煙火的仙子啊？」另一位朋友也正在搖頭，表示不相信自己耳朵聽到的。

「別這麼壞，這樣說他，對他很不公平吶。」清牡微微笑開。

「對啦，對天桐先生不公平，難道對我的自尊心就公平了？」丞瀾挑挑眉，再看眼鞋子，還是覺得很難相信。

「雖然他有點不知人間疾苦，可是我們出去逛街的時候，他也會跟我一起吃便宜的牛排，還有上次他生日時，眼睛眨也不眨，把那個烤焦的蛋糕吃得一點不剩。」清牡每想到這件事，心裡就有股想笑的衝動。

「那個幾乎有一半都焦掉的蛋糕？」見清牡點點頭，兩位朋友不約而同露出噁心跟不敢苟同的表情，搖搖頭。「那他一定很愛妳！」丞瀾說。

「買鞋子的時候也是，他本來要買另外一雙，看見我在看這一款，也跑來東看看西瞧瞧，可能想起我以前曾經說過想要有雙情侶鞋吧？他居然二話不說，抓起跟我同款的鞋子，走去結帳的半路上還停下來，滿臉困惑問我，我的預算夠不夠？」清牡淡淡笑著。

「我知道，他對錢沒什麼概念，所以不提數字，只問是不是符合我原先的預算。」

「為什麼要這麼麻煩，直接叫他付錢就好啦？」丞瀾不明所以地問。

清牡搖搖頭。「如果這樣，那這雙情侶鞋就沒有意義了。」

幸福金鑰

§全天下再也沒有比離開自己的立場，走到對方的立場，真心誠意為對方設想的心意更可貴的東西。

天啊，我的機車不見了！

盈秋從來沒有發生過這種事，在看不見機車的當下，
她確實徹底慌了，
腦子裡只盤旋著一個念頭——
現在我該怎麼辦？

和妹妹看完二輪電影出來後，原本機車停放的位置，突然空無一物，只剩下地上幾個白色大字。盈秋發現自己機車不見的當下，心裡頓時重重一沉！她滿腦子都是不便宜的罰款，以及必須到不知名地方把車取回的麻煩，來來回回在附近又找了幾次，妹妹也確定地上寫的正是他們家的機車車牌號碼時，她才停止自己宛如無頭蒼蠅的舉動。

盈秋從來沒有發生過這種事，在看不見機車的當下，她確實徹底慌了，腦子裡只盤旋著一個念頭——現在我該怎麼辦？先讓妹妹自己坐車回家後，她打電話給男友阿寬，阿寬很快騎著陪他到處跑業務的機車，出現在她面前。看見盈秋一臉苦瓜，阿寬馬上露出「別擔心」的微笑。「這沒什麼啦，我以前剛跑業務的時候，機車也常常被拖吊啊，放心，我載妳去把車子騎回家。」「你知道要去哪裡找回車子？」盈秋接過阿寬遞過來的安全帽，戴上頭，雖然嘴裡還在問，但茫然不知所措的心，已經慢慢穩定下來。「當然，上來吧！」阿寬看眼後座。

阿寬載她去繳罰款，再把機車騎回家，盈秋沒有去過那一區域，只能跟在他屁股後面慢慢騎回家。在幾乎很少有路燈、車子也不多的大馬路上，她騎著車，跟在阿寬身後，心裡想著的不是令自己荷包大失血的罰金，而是——幸好有阿寬，否則她連該去哪裡繳罰款、取車都不知道。最重要的是，騎在前頭領著自己的背影，看起來有點陌生，又有點溫暖，讓人好想輕輕靠著他的背，彷彿那裡是全天下最舒適的角落，只要這樣做，便足以令人感到安心。盈秋永遠記得，那個機車被拖吊的夜晚，有個男人為了引導她回家，用時速四十公里慢慢騎在她視線的正前方，直到她安全返家為止。

每天上班前都會先來報到的男友

「我好了。」芯雨苦著臉，從餐椅上跳下來，口中盡是苦藥的味道。
「去拿包包吧，再不出門就要遲到了。」友峰飛快看她一眼，從公事包拿出她愛吃的糖果，丟給她，拿起碗盅想要順手清洗起來。

「芯雨，我到囉。」友峰每天上班前，都會先來她這裡報到。

「喔，我現在幫你開門。」芯雨開完門，在房間裡等男友上來後，才反身進浴室刷牙洗臉、梳妝打扮。半小時後，她從邋遢的剛睡醒模樣，搖身一變，成為整齊清爽的上班女郎，走到簡易、半開放式的餐廳加廚房裡，在老位置坐下來。五個月如一日的友峰，按照慣例，立刻把再熱過的補湯端上桌。

「快點喝吧，上班要遲到了。」他溫柔叮嚀。「喔，好。」芯雨點點頭，拿起桌面上味道甘苦的補湯一口氣灌下。

友峰趁她在喝補湯的時間，很快替她將屋子裡稍微收拾了一下，把凌亂的棉被往半空中一抖，漂亮鋪平，又替她把客廳小桌几上的咖啡杯，拿到廚房順手洗淨，倒放。「我好了。」芯雨苦著臉，從餐椅上跳下來，口中盡是苦藥的味道。「去拿包包吧，再不出門就要遲到了。」友峰飛快看她一眼，從公事包拿出她愛吃的糖果，丟給她，拿起碗盅想要順手清洗起來。

芯雨走進房間，背著包包出現時，他已經提著自己的公事包，站在大門處等她。兩人一起走出家門。「十一月我就要去德國工作兩年，聽說那裡冬天很冷，妳真的想清楚了，確定要跟我一起過去？」「對呀，別懷疑了，我可以利用這兩年時間，專心畫插畫啊。」「我有點擔心妳的身體會吃不消，上次那個中醫師說妳身體比較虛寒，要調養好才能出去。」「不用擔心，你天天來幫我進補，我現在簡直壯得跟頭牛沒兩樣……」

自信的脈搏

「你可以跟我做簡報啊！」綠星熱心地提議著。

「多一次練習，明天就可以少一點緊張喔。」

「說的跟真的一樣。」他輕笑，沒把她的話放在心上。

綠星可以感覺到，不管做什麼事，今晚的書恆非常心不在焉，雖然他嘴上不說，可是她就是能隱約察覺出來。吃過晚餐後，書恆開車送她回家，一路上兩人沉默無語著，他陷入自己的思緒裡，而她則猜著他的心事。當車子抵達家門口時，綠星沒有急著解開安全帶，反而轉頭看著他。「你是不是心情不好？」

「沒有，我只是有點擔心——」像猛然意識到自己好像說了太多，書恆突然住口，朝她搖搖頭，表示沒什麼。「擔心什麼？」綠星沒有輕易放過這個話題。他勉強拉開一道微笑，「其實也沒什麼，明天我要到一間大公司去提案，有點緊張，就這樣而已。」

「緊張是一定的，你要不要拿我當練習？」「什麼？」書恆微愣。「你可以跟我做簡報啊！」綠星熱心地提議著。「多一次練習，明天就可以少一點緊張喔。」「說的跟真的一樣。」他輕笑，沒把她的話放在心上。「真的喔，你沒試過嗎？走吧！看去你家還我家？多練習講個幾次，保證你明天的緊張都可以通通不翼而飛喔。」

書恆不認為這樣做會有效果，但最後仍敵不過綠星的堅持，兩人雙雙到他家裡，原本覺得這樣做似乎有點蠢的書恆，發現自己每練習講一次，下一次總是比上一次更順！隔天，書恆除了在剛開始時有點僵硬以外，後來越講越順，台底下的人點頭如搗蒜。做完簡報，完成簽約動作後，他立刻打手機給綠星，劈頭就是——「我拿到合約了，我拿到合約了！」「真的嗎？請吃飯，請吃飯。」綠星在電話那頭興奮地吵鬧著。「好啊，看妳想吃什麼都沒問題，期限只有今晚喔……」

每個禮拜一的單朵玫瑰花

固定的時間，同樣的男人，相同的一朵玫瑰花。
這樣奇異的組合，到底是怎麼回事？
這個男人每個禮拜一買花，到底是要送給誰？

每個禮拜一，固定晚上八點多，花店老闆娘總是可以看見一個西裝筆挺的男人，走進店裡，跟她買一朵玫瑰花。什麼顏色沒關係，但一定要是玫瑰花才行。有一次，店裡所有玫瑰花通通賣完，男人聽到消息後，當場皺緊眉頭，原本溫和的說話語氣倏地轉急，忙問：「請問這附近還有沒有別的花店？」

老闆娘指明了方向，不過那個地方就算開車也要十幾分鐘才能到，男人道過謝後，隨手攔了一輛計程車，往她剛剛說的方向駛去。固定的時間，同樣的男人，相同的一朵玫瑰花。這樣奇異的組合，到底是怎麼回事？

這個男人每個禮拜一買花，到底是要送給誰？隨著時間越來越久，老闆娘心中的疑惑越來越大，但基於不挖人隱私的道德，儘管這個問題已經在她心裡放了整整三年多，每次話到嘴邊，她總是又用力吞嚥下去！

因為知道男人每個禮拜的固定行程，老闆娘總是會留意店裡玫瑰花的銷量，始終幫他留下一朵最漂亮的，等他來買。一日，男人精神有些恍惚地走進店裡，買了花之後，錢包竟遺留在店裡櫃檯上，老闆娘抓起錢包，火速關上店門，立刻衝出去追他！

幸虧男人沒有走遠，在店門外的大馬路轉彎處，彎腰，將手中的花束輕輕放在路邊地面上，抬手，抹了抹眼角。「妳在另外一個世界，過得還好嗎？今天是妳因車禍過世四年的忌日，當初都怪我，妳明明叫我騎慢一點，我不聽，才會害妳……」

男人哽咽，說不出話來，幾分鐘後，才緩緩揚嗓：「妳願意原諒我嗎？記得以前每次我太豬頭，惹妳不高興，妳就會罰我送妳一個月的『禮拜一玫瑰花』，我永遠記得被妳罰最久的那次，足足有半年，好像是我說妳好像變胖了，就一句話，也能被妳罰這麼久，其實我知道，表面上說是罰我，其實是妳喜歡玫瑰花。」

男人說著話，突然一手按在額頭上，表情痛苦，老闆娘見狀，正要衝上前扶他，未料，男人乾脆席地而坐，繼續說話：「……明天我就要住進醫院接受治療了，醫生說我的心臟恐怕……我只擔心一件事，在我進醫院這段時間，誰來給妳送花呢？」

「我可以啊！」老闆娘從暗處走出來，將錢包交到滿臉錯愕的男人手中，對他笑瞇瞇地提議道。男人後來給了老闆娘一筆錢，託老闆娘代為送花，預先支付的費用整整足以送上一年的花。

一年後，男人還是沒有回來。一直到老闆娘二十年後過世之前，這裡的地面上，每個禮拜都被放著一朵最漂亮的玫瑰花……

生病時的那個午休

他從公事包裡拿出兩個御飯糰，沒幾下子就吃完了。時間很快來到一點，他站起身，替她燒了一壺熱水，倒出一杯放在她面前等涼，又把藥包放到水杯旁，才安心地回去上班。……

離家念書，是很多人共同的生活經驗。脫離平時將我們照顧到無微不至的家人身旁，才第一次明白許多溫暖的關懷，其實並非理所當然。在外頭租屋、獨自北上工作的巧燕，被辦公室同事傳染了流行性感冒，感冒來勢洶洶，令她上吐下瀉痛苦不已。男友柏葵知道後，立刻抓她去看醫生、吃藥。遺憾的是，這波感冒相當厲害，巧燕看了幾次醫生後，病情反而越來越重，最後竟不得不請年假在家休息。渾渾噩噩睡掉一整個上午，身體極度不舒服的她，在睡夢中依稀聽到有人按門鈴的聲音。是錯覺吧？她這樣告訴自己。就在她昏沉沉又快入睡時，門鈴聲又響了！巧燕看眼時間，中午十二點四十五分。這時候身邊朋友都在上班，誰會來找自己？不會是爸媽吧？可是她沒告訴他們自己生病的事啊。帶著滿肚子疑惑，巧燕甫打開門，立刻看見一臉擔憂的柏葵，滿身大汗站在門外，手裡提著好幾樣吃的東西，正著急地看著她。「妳還在睡嗎？我把妳吵醒了？」

巧燕開門讓他進來，發現他額頭都是汗，便隨手抽了幾張衛生紙給他。「也不算睡，就昏昏沉沉倒在床上，頭好重，呼吸好不舒暢……」「我剛剛按門鈴，一直等不到妳來開門，還以為妳昏倒在家，差點想叫開鎖的人過來一趟。」

兩人在租屋中間的小桌子旁邊坐下來。「沒那麼嚴重。」她微微一笑，可惜有點力不從心。「你怎麼會過來？」「買粥跟一些比較容易吞嚥的食物來給妳，怕妳發懶沒吃東西就吃藥，更怕妳連藥都沒吃。」柏葵替她把食物一一打開，催促她多少也要吃點東西。他自己從公事包裡拿出兩個御飯糰，沒幾下子就吃完了。時間很快逼近一點，他站起身，替她燒了一壺熱水，倒出一杯放在她面前等涼，又把藥包放到水杯旁，才安心地回去上班。臨走前，柏葵緩聲交待了一句。「下班後，我再來。」

繞著布條的冰箱

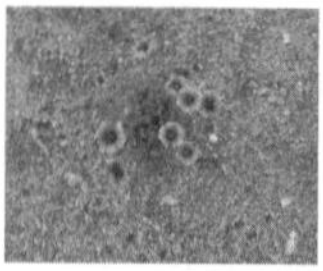

他們才赫然發現還有另外一個大問題！
家驊住在學校宿舍五樓，而且重點是——沒有電梯。
他們面面相覷，足足愣了有兩分多鐘，
兩人眼睛裡閃爍著同樣的問號：現在該怎麼辦？

家驊念研究所時，必須住在半山腰上，每天的飲食只能依靠宿舍樓下的學校餐廳，不曉得什麼緣故，每次用完餐後，她都會覺得一陣反胃，想吐的感覺會持續一整個下午，接著，又是晚餐……長時間處在想吐的感覺裡其實非常不好受，家驊男友——志豪知道後，便跟她商量著有沒有可能自己在宿舍裡開伙，煮點東西吃。

原本便會簡單料理的家驊，基本上只要給她電鍋，她就能煮雜菜麵、紅豆湯、羊肉爐。她先搬了一台電鍋進宿舍，開始試著煮食，發現這個方法確實可行，便與志豪商量著要買台二手小冰箱，直到他開車把新買來的冰箱載到她宿舍樓下後，他們才赫然發現還有另外一個大問題！

家驊住在學校宿舍五樓，而且重點是——沒有電梯。他們面面相覷，足足愣了有兩分多鐘，兩人眼睛裡閃爍著同樣的問號：現在該怎麼辦？

「等我一下。」家驊突然靈光一閃。

「我可能有辦法，先上去拿個東西！」等她上樓又下樓，人到志豪身邊時，手中抱著一團很長、很長的布料。

「這是上次在學校附近撿到的。」家驊稍微解釋後，便開始動手把布料繞著冰箱好幾圈，利用背包的概念，緊緊纏繞著小冰箱，然後讓志豪背上。

當要踏上第一階樓梯時，兩人都很緊張，志豪背著小冰箱，家驊則在他身後用雙手捧著冰箱，希望能稍微減輕一點他的負擔，另一方面，她還得時時小心察看布料是否有滑落的跡象。幾分鐘後，冰箱就這樣被扛上五層樓！

家驊開心的手舞足蹈，馬上衝去四樓的販賣機，買了兩罐冷飲，衝回宿舍，把其中一罐丟給靠坐在宿舍地上的志豪手上。

「沒想到你居然真的把冰箱扛上來了。」

「是啊，我自己也滿驚訝的！」

落地窗外夕陽斜照，鋪滿一室橘紅的燦爛，他們共同把視線轉向宿舍裡的小冰箱，看了許久，轉頭，望向彼此，接著緩緩笑開……

會吵架，也會和好

個性急驚風的她，一氣之下，立刻抓起自己的皮包離開他家。回到家後，愛敏回到自己租賃的小套房裡，洗完澡，正要稍作整理時，赫然發現房間裡不只有自己，還多了一位「貴客」！

合紳什麼都不怕，只怕一樣：蜘蛛。在十二月二十四日晚上，合紳跟女友愛敏為了聖誕節餐廳訂位的事，吵得不可開交！一個覺得自己受夠對方做事不急不徐的溫吞樣，一個則認為對方一直在扯自己後腿。「妳不幫忙就算了，幹嘛還扯我後腿？」掛斷電話後，合紳立刻轉頭，對坐在自己身邊的愛敏怒問。「誰扯你後腿？只是打通電話詢問很難嗎？訂到時間點這麼差的餐廳位置，是誰的問題？你自己拖到現在才打，問幾句話而已又不難，還硬我在你身邊跟著一起聽。」

愛敏站起身，兩人一站一坐，互相瞪著對方，誰也不肯先讓步、先軟下。個性急驚風的她，一氣之下，立刻抓起自己的皮包離開他家。，愛敏回到自己租賃的小套房裡，洗完澡，正要稍作整理時，赫然發現房間裡不只有自己，還意外多了一位「貴客」！她愣在原地，頭痛地看著正在房間裡四處趴趴走的黑色大蜘蛛，腦中瞬間跑過數十個趕走蜘蛛的方法，可是蜘蛛突然毫無預警衝向自己時，她馬上抓起手機，衝出門外，把自己關在套房外頭。

只稍稍猶豫了兩秒鐘，愛敏還是打電話給合紳。手機才剛響了兩聲，立刻被接起。「我房間裡有蜘蛛。」她什麼話也沒多說，劈頭就是關鍵句。「我馬上過去。」合紳也沒多廢話。幾分鐘後，當他趕到時，愛敏還站在門外，看見她惶惶不安的模樣，合紳先找來一支掃把，手腳正在發抖，打開門，走進有蜘蛛的小套房裡。他要愛敏在外頭等，但她堅持一起進去，剛才是因為自己勢單力薄，現在有他在，膽子壯大了，也敢跟著進房面對不知打哪來的嬌客。

走進房後，愛敏看見合紳先打開房內窗戶上的紗窗，在「試圖性趕走蜘蛛」數次未果，又看見他抖個不停的雙手後，再也忍不住了──「掃把給我。」她實在看不下去合紳慢條斯理的動作，伸手拿過掃把，眼睛盯著蜘蛛，對他吩咐道。「如果我順利把蜘蛛趕出去，你要立刻關窗戶。」

在合紳正要說好時，愛敏立刻揮動掃把蜘蛛趕出家門，他動作也很快，馬上把紗窗緊密關上。一切終於大功告成，愛敏先把掃把拿去收起來，一回到套房，就聽見他自己自動報告。「去餐廳之前，我們先去看場電影好不好？我請妳。」

愛敏看著合紳誠懇的表情，腦子裡想起的是他剛剛明明怕得要死、卻還是特地趕來幫忙屠龍的發抖模樣。「好啦，那我請你吃爆米花跟山東鴨頭。」愛敏說。山東鴨頭是合紳的最愛。

他們看著彼此兩秒鐘後，輕笑開來。

終於，合好了。

開不了口的告白

可是每次話到嘴巴，友峰也不知道是因為害羞，
還是基於什麼特殊的個人原則問題，總是「話到嘴邊留半句」，
硬是將兩人的關係暫留在「友達以上，戀人未滿」階段。

芯雨躺在床上，拿起手機端詳，放下，再拿起，又放下，然後，輕輕嘆了口氣。腦子裡跑過一大堆剛才播報的新聞內容，聽說明天有颱風要來，不過還無法確定颱風強度，目前只說是輕微颱風，但不排除會轉變為強大颱風。在她聽起來，氣象播報的內容跟友峰一樣，通通都曖昧不清！

跟友峰處於「友達以上，戀人未滿」狀態已經快半年，就算到了現在，每次打電話

給他時，芯雨心裡依然充滿著淡淡的緊張與不安。她不喜歡這樣，可是又一點辦法也沒有。他們平均每個禮拜會約出去吃飯一次，有時候則是跟朋友去唱歌，朋友們認為他們是一對，也極力促合他們，可是從兩人之間的互動裡，芯雨總覺得好像缺少了點什麼。

先前她對這種情況感到很苦惱，一直試圖逼友峰把話說白，好確定兩人之間的關係。可是每次話到嘴巴，友峰也不知道是因為害羞，還是基於什麼特殊的個人原則問題，總是「話到嘴邊留半句」，硬是將兩人的關係暫留在「友達以上，戀人未滿」階段。

芯雨為此痛苦了好一陣子，甚至慢慢疏遠友峰，不再主動打電話給他。就這樣昏昏沉沉地想著，惋惜著，不知不覺中她慢慢睡去。隔天，風雨交加的狂風驟雨聲將她吵醒。

站在窗前，看著窗外狂雨橫掃的瘋狂姿態，芯雨先打開電腦確認今天不用上班，下一個想的便是——慘了，她沒有存糧可以吃！就在她苦惱不已時，手機突然震動起來。

是友峰傳來的關心簡訊。一切都好嗎？

她很快回傳。很好，除了家裡一點吃的東西都沒有。

然後手機一片靜——一小時後，芯雨租屋公寓的門鈴響了。她心底還在狐疑，大颱風天的會是誰來時？門一開，門外赫然站著全身濕漉漉的友峰。芯雨當場狠狠愣住！

「因為我一身狼狽，就不打算請我進去了嗎？」

「沒的事。」她連忙側開身，讓友峰跟他手中那一大包東西進門。「你怎麼會突然跑來，外面風雨很大耶！」

友峰把兩大袋的購物袋放在她桌上，轉身，看著她微笑。「我幫妳買了一些吃的東西過來。」

【愛情配方】

壓力大＝劈腿可以被原諒？

唯有我們把自己變得更強大，才能照顧想要守護的人。
唯有我們把自己變得更堅強，才不至於傷害身邊的人。

電腦連上網，或者翻開報章雜誌，到處滿滿都是誰又跑夜店被抓包、誰又犯了男人都會犯的錯、誰又寒了心打定主意要離婚、某某又跳出來喊話……朋友反應也很兩極，報紙上寫得沸沸揚揚，大家聚在一起聊天時，常常也能分成兩派為此激辯不已！馥眉總是聽得多，說得少，看著大家各有立場、各有支持的人，沒說什麼，是因為正津津有味地聽著。其實大家都說的很有道理，有時候理智獲勝，有時則感性比較能站穩立場。

不過，馥眉心裡老是不時冒出一個疑問。為什麼壓力大，等於劈腿可以被原諒？這明明就是兩件事，為什麼硬要兜在一起？而且還被——合理化？感情之所以珍貴，不正是在彼此有困難、有壓力時，能夠彼此陪伴、互相扶持、共同度過難關嗎？就像先前提過的兩位大導演，他們其中一人曾被人暗諷吃軟飯多年，一個忍受許多人的不看好，說他太過理想化，等著砸大錢賺寶貴的失敗經驗。

難道他們在面對這些事情時就比較容易、壓力比較輕嗎？人只要活著，或多或少就會有壓力。但壓力絕對不能拿來當作藉口，傷害身邊每個深愛著自己的人。這樣做到底是為了什麼呢？

在我們意志力最薄弱時，唯有伸手向愛尋求擁抱的智慧和勇氣，才不致迷失自我。

唯有我們把自己變得更強大，才能照顧想要守護的人。

唯有我們把自己變得更堅強，才不至於傷害身邊的人。

CHAPTER 5

情人的摩斯密碼

在你面前的我，變了嗎？

「妳有點變了，但也完全沒變。」
「什麼意思？哪有人『有點變了』，卻又『完全沒變』？你這是在暗示我有雙重人格嗎？」
聞言，他默默低笑開來。

小唯與男友已經交往七年，從大學時代開始，一起經歷過窮研究生時期、窘迫的找工作時期、裁員潮、家中長輩意外過世、愛狗因年邁而離開人世……好多事情都發生在這七年裡，將兩個原本天真浪漫的大學生，慢慢琢磨成大人的模樣。這天，男友剛升上公司業務部組長，小唯也在差不多時間點上考取心心念念的公務員，朋友們知道後，相約周六到ＫＴＶ為他們慶祝，當晚大家齊聚一堂，經過社會多年歷練後，每個人多多少少都有些不同！

那天晚上大家鬧了幾乎快一整夜，等他們回到同居的住所時，已經半夜三點多。雙雙梳洗過後，兩人躺在床上，明明應該發睏想睡才對，可是兩人像事先約好的一樣，都沒有睡意。凌晨四點，他們躺在床上，嗅著快要天亮的特殊氣味，望著天花板，腦袋越來越清醒。互問彼此睡了沒？發現對方都不想睡後，話匣子便順理成章打開了。

「大家都變了，我也變了。」小唯突然有感而發，說完，還不忘輕輕嘆了口氣。

「妳有點變了，但也完全沒變。」

「什麼意思？哪有人『有點變了』，卻又『完全沒變』？你這是在暗示我有雙重人格嗎？」

聞言，他默默低笑開來。「我說妳變了，是指妳在面對其他人的時候，應對進退變得更成熟，也更圓滑了，說妳沒變，是指妳在面對我時，依然像二十出頭那樣有什麼說什麼，還很愛撒嬌。」

「你不喜歡我跟你撒嬌嗎？」小唯微微笑著，心裡卻有塊地方沉了一下。

「不是喜歡。」他搖搖頭。「喔？」她的聲音馬上提高兩度音。

「是根本愛死了！」他衝著她猛笑。「雖然妳每次突然撒嬌都是有目的，喊得我心驚膽顫，可是我還是喜歡妳這樣對我。」被他這一逗，小唯原本盤踞在心裡淡淡的哀愁瞬間一掃而空！

「那——」她睜著眼，笑看著他，突然好想知道。「——你還記不記得第一次見到我是什麼感覺？」

「覺得妳很漂亮囉，當時我還在想，妳一定很多人追求，我可要好好加把勁了！」

「我看你追我的時候，根本就不溫不火嘛！哪裡有加把勁？」小唯冷冷嗔了他一眼。

「天地良心，我真的有……」這廂急忙喊冤，雙手都連忙舉起來發誓。

哪一種爭吵最甜蜜？

話是這樣說的嗎？建中胸口冒上一團火，原還想唸她幾句，
可是湊巧兩人都坐上機車，機車剛好發動，
結果他什麼抱怨的話都來不及說，倒先問她——
「坐好了沒？」

「喂，我到了！」建中站在機車旁，一手抓著安全帽，一手拿著手機，仰頭看眼公寓六樓。「喔，這麼快？」一聽見晴星驚呼的聲音，他馬上挑眉，語氣悶悶的冷問。「妳該不會還沒梳妝打扮吧？」「打扮什麼？放心，我馬上就下去！」她快人快語地說著，掛上電話前還不忘多嘟囔兩句給他聽：「又不是跟帥哥吃飯，還梳妝打扮咧，我幹嘛這麼浪費精神啊……」

「妳這女——」建中聽得胸口頓時揚火，正想開罵，沒想到她居然快一步切斷電話！他抬眼，惡狠狠瞪向六樓！一位婦人雙手提著菜，經過他時充滿戒備地看他一眼。建中眨眨眼，滿肚子無辜，見婦人手忙腳亂要頂開大門，又要把自己跟兩手東西擠進去，他連忙過去幫忙壓住門，讓婦人能順利進去。婦人當著他的面，用力關上門，防他跟防賊似的。建中滿肚子心酸，又想到她剛剛說的話。又不是跟帥哥吃飯，還梳妝打扮咧，我幹嘛這麼浪費精神啊……哪裡浪費精神？哼！

碰。公寓大門開了又關，晴星站在大門前，歪著頭，滿臉笑意朝他揮揮手，建中不自覺跟著微笑開來，正緩緩抬起手……她見狀，突然噗哧一聲笑開來！猛然察覺自己的動作，回過神，他輕咳兩聲，整理臉部表情，裝出一臉酷酷的樣子，眼神卻忍不住往她明顯用心搭配過的服裝上多轉了兩圈。瞧！她不只上了淡妝，還噴了一點香水。口是心非的女人！

「喂，你剛剛做了什麼？」晴星走到他身邊，用力拍他肩膀一下。「等妳啊！」建中替自己戴好安全帽後，把她的安全帽遞給她。「這還需要問嗎？」「可是剛剛進去的阿姨說，外面好像有人鬼鬼祟祟的，還氣衝衝瞪著我們家看，要我小心點，不要隨便跟陌生男人出去，我正在考慮阿姨良心的中肯建議喔！」「妳是該小心點。」建中沒好氣睨她一眼。她以為這是誰害的？

她眉眼帶笑，看他一眼。口是心非的男人！「今天要去哪裡約會？」

晴星一直戴不好安全帽，他看了，直接動手替她把釦環牢牢扣上。「妳有失憶症喔？昨天不是約好要去陽明山上吃火鍋。」「你記得比較重要啊。」「阿妳咧？」「我負責人出現呀！」

話是這樣說的嗎？

建中胸口冒上一團火，原還想唸她幾句，可是湊巧兩人都坐上機車，機車剛好發動，結果他什麼抱怨的話都來不及說，倒先問了她一句──「坐好了沒？」

講了那麼多，其實只是想說聲：我好想你

艾晴才剛回台灣，又想再飛去英國見他。書哲同樣也越來越捨不得結束網路聊天，兩人結束通話的那一刻變得越來越困難。

書哲到英國念書這一年多裡，艾晴每天都會和他用網路聊天，每次聊完要掛斷前，還會小心確認隔天一起上線的時間，有時候書哲配合艾晴，有時候則反過來。他們看著電腦視訊螢幕，說著當天發生的每一件小事情，有時候講到沒話聊，艾晴便會使出大絕招——要書哲幫忙矯正自己的英文發音，每次總是把他弄得啼笑皆非！趁著累積起來的年假，艾晴特地飛到英國跟他共度幾天，除了上課以外，小倆口天天膩在一起。書哲是個很盡責的當地導遊，帶她玩遍英國幾個有趣的地方，也帶她去品嚐一些不錯的點心跟餐

點。經過這段時間短暫的甜蜜相處，在艾晴回台後，想念彼此的心不減反增，反而變得更加濃厚！算算時間，書哲還要整整一年才能回台灣，可是艾晴才剛回台灣，便又想再飛去英國見他。書哲同樣也越來越捨不得結束網路聊天，兩人結束通話的那一刻變得越來越困難。

「今天發生的事情，我都跟你說了。我們是不是該結束通話了？」艾晴輕聲嘆口氣，心裡其實很捨不得結束。「差不多，我也要念一下書。」「嗯——對了，要不要我幫你寄什麼東西過去？上次幫你寄得泡麵跟魚酥吃完了沒？」「哪有那麼快？小姐，妳忘記我上禮拜才收到，那整整一大箱，就算每天狂吃，至少也可以吃到下禮拜。」

「那我這禮拜幫你寄，到你那裡的時候說不定剛好吃完……」「也好。那妳呢？要不要寄妳愛吃的那幾款巧克力給妳？」「好啊，我要每種口味都要！」「很貪心喔……那我每種都寄三份給妳，妳還可以請朋友吃……」

你在，你不在

爸爸把她交到新郎手上，新郎給她一個溫暖滿分的微笑，
小君也回應了一個幸福的微笑。
不過，在她心裡，同時還浮現出另一張臉，
一張她被自己深深埋進心底卻永難忘懷的臉。

這就是她幻想中的婚禮場所。小君仰著頭，看著有著高高尖塔的白色教堂，天空藍得像快要把人吸附上去般很耀眼，白雲很輕、很淡，卻好美、好美。小君嘴裡默默念了幾個字，手裡挽著爸爸，一起走向紅地毯的另一端。新郎就站在底端處等她，微笑著，像在對她說這裡是盡頭，也是另外一個起點。

儀式簡單但隆重，小君很快看過一眼台底下，那裡坐著滿滿特地趕來祝福的親友們，空氣裡飄散著歡騰的氛圍，她低下頭，半斂眉眼，望著自己手裡象徵幸福的新娘捧花，花的香氣斷斷續續飄進她鼻翼裡。以前，也有人常常買花給她，只是那個人現在不在了，記憶中的影像慢慢淡去，有時候感覺他已經很遙遠，有時候又彷彿他始終在自己心裡未曾離開過。

只是當她閉上雙眼時，那股溫暖的體溫便會將她緊緊包圍住……

爸爸把她交到新郎手上，新郎給她一個溫暖滿分的微笑，小君也回應了一個幸福的微笑。不過，在她心裡，同時還浮現出另一張臉，一張被她深深埋進心底卻永難忘懷的臉。

小剛，你現在好嗎？你看到了嗎？現在的我很好喔，所以……請你一定也要很幸福、很幸福，好嗎？

被命運打擊時的充電器

他仍倚靠在牆上，滿臉疲憊，放下兩人交握的雙手，由握改牽，與她十指緊扣著彼此。

「不要說話，就這樣靜靜待在我身邊，一下下就好。可以嗎？」

自從友仲媽媽因子宮頸癌住進醫院後，情況就一直很不樂觀，前陣子醫生讓她回家休養，沒想到住不到半個月，又因為大量出血住進醫院，這一次，醫生叮嚀友仲有心理準備。當佩蓉趕到醫院時，友仲剛從病房裡走出來，滿臉木然，雙眼無神，背部抵著雪白牆面，頭微微往後，靠著牆，正在閉目養神。她快步走過去，直定定站在他面前，見他宛如被抽掉全身力氣般倚在牆上，她心裡頓時泛起層層心疼漣漪。

「友仲，伯母的情況如何？」佩若小小聲問。

聞言，眉頭輕皺一下，友仲緩緩睜開紅了的雙眼，炯炯視線裡堅強又無助、冷靜又脆弱、崩潰又硬生生挺住。

「友仲？」她看得心底發酸，伸出右手，輕輕貼上他慘白的側臉。天啊，他的臉怎麼涼涼的？彷彿身體裡有個地方已經漸漸麻木了……佩若心底輕輕嘆口氣，收回手，想要去幫他買杯熱飲，不料，卻被他一把抓牢手腕！「我去幫你買杯熱的。」她笑著解釋，晶亮雙眸定定看著他，像要把自己身上的力氣傳輸到他身上一樣。「你想喝什麼？咖啡好不好？」

友仲沒有說話，單看著她。佩若眉心微蹙，正要在開口時，他搶先一步說話：「不用了。」

「可是……」她加深皺眉，擔心之情溢於言表。他仍倚靠在牆上，滿臉疲憊，放下兩人交握的雙手，由握改牽，與她十指緊扣著彼此。「不要說話，就這樣靜靜待在我身邊，一下下就好。」友仲垂眼凝望著她，語氣哀求。「可以嗎？」

「嗯。」佩萶任由他牽著手，陪他站了一會兒後，開口問。「可以了嗎？你有沒有吃晚餐，我去幫你買粥好不好？」「還不可以。」他深深望她一眼後，再次緊緊閉上雙眼。「再一下下，讓我再充電一下。」

佩萶低頭，看著緊緊抓住自己的大掌，內心默禱著。老天爺，如果他需要力量，請把我身上的力量通通給他，求求你……一分多鐘後，友仲深吸口氣，睜開眼，看見她正一臉擔心地看著自己，意識到自己可能嚇到她了。「充電完畢，我現在沒事了。」他嘴角微微上揚，伸手壓上她頭頂。「一起進去看我老媽？」

她回應他的微笑，充滿元氣地回答。「好！」

請常服用「我愛你」

「嘎？」她愣住。
「我說——」他加深眼中笑意。「我愛妳。」
見她眨眨眼，遲遲說不出話來，以襄霍然低沉笑開。
「反應不過來小姐。」

「哇——」金黛輕輕閉上雙眼，深深吸了口氣，想像自己將眼前綠意盎然的新鮮空氣通通吸入腹中，然後睜眼吐氣，笑得一臉燦爛。「好久沒有像這樣出來野餐。」「這算哪門子野餐？」以襄坐在她身邊，長腿張得大開。「還不就是坐在公園裡，看看綠色的樹跟草，吃些簡單的水果跟三明治。」她聽了，差點昏倒。「這就是野餐啊！」用力反駁。「坐在餐廳裡吃飯不好嗎？太陽不小喔，小心變黑。」聽見他的話，金黛氣得頭頂冒煙，先狠狠瞪他一眼，最後乾脆不理他，自顧自地吃著手中的輕食。這男人體內到底有沒有一兩顆浪漫細胞啊？明明一切都很完美，被他挑明講開，所有浪漫瞬間被破壞光光！她忍不住又瞪他一眼。用不著一兩顆浪漫細胞，只要一兩條染色體裡有點浪漫就好，如果有，他就不會這樣破壞氣氛……

以襄見她氣沖沖地別開臉，嘴角露出感興趣的微笑，定定看著她。察覺到他專注且炙熱的視線，金黛匆匆撇看他一眼，依舊忍住，沒開口說半句話。他不氣餒，仍盯著她看。最後演變成一種暗中的角力般，他看著她，面帶微笑，她則努力假裝不受影響吃著三明治。時間一秒一秒流逝。就算不看他，金黛也能察覺自己的臉頰正慢慢發燙中……

「不要看了！」她用力重重放下三明治，轉頭，瞪他。「你幹嘛一直看我啦？全身上下沒有一條浪漫染色體先生。」「我愛妳。」以襄像沒察覺到她不滿的怒嗔，依然故我地告白著。「嘎？」她愣住。「我說——」他加深眼中笑意。

「反應不過來小姐。」見她眨眨眼，遲遲說不出話來，以襄霍然低沉笑開。「我愛妳。」

浪漫關係第一步：絕不讓自己受委屈

「這次是你爸，我就算了，如果下次你眼睜睜見我受委屈，還不吭聲，我們就差不多可以準備分手了。」

「這是警告就對囉？」他猛皺眉。

「對啊！」

把男友家人先送回家後，她從後座下車，用力甩上車門，雙手抱胸，男友見狀，心虛了一下，連忙幫忙打開副駕駛座車門。她一坐進來，立刻冷冷丟出這句話：「你爸剛是什麼意思？」「什麼東西什麼意思？」他搔搔後腦，迴避她宛如兩顆未爆彈般的雙眼，還在打馬虎眼。「剛剛上車的時候，你爸幹嘛一直叫你妹趕快過去坐副駕駛座？他人甚至還站在副駕駛座旁，難道他不能用比較成熟的方式，例如稍微跟我溝通一下就好嗎？」整整隱忍了一路上，等送走他家人後，她終於可以好好一吐心中憋了一個晚上的怨氣。

「他可能沒想那麼多，我妹可能想坐前座看風景，不是故意跟妳搶位置。」

「我不稀罕坐你旁邊，也沒那麼愛看風景，但你爸那舉動真的很令人傻眼。」

「還有——」她惡狠狠瞪向他。「我最痛恨的就是你的反應！」

「我又怎麼了？」他苦著臉，為自己大聲喊冤。

「別以為我不知道你正在裝聾作啞。」

「我沒注意那麼多嘛！」

不辯解還好，這個連他自己都不太能接受的爛理由，馬上引爆車內第三次世界大戰。

「身邊坐誰你最好會沒注意到，有這種注意力你怎麼還敢開車？你我心裡明明都很清楚，是你不敢面對任何衝突場面。」

「對啦，我是有一點，我爸本來就比較不懂人情世故，我能怎麼辦？教育他嗎？我媽有時候也很氣我爸啊！剛剛我媽也有偷瞪我爸一眼，我有從後照鏡偷偷看到。」

聽見他並非完全不知所以然，她怒氣一下子減了一大半，不過，還是要把話說清楚。

「這次是你爸，我就算了，如果下次你眼睜睜見我受委屈，還不吭聲，我們就差不多可以準備分手了。」

「這是警告就對囉？」他猛皺眉。

「對啊！」她微笑著，眼神卻透露著無比認真。「警告如果你不懂珍惜我，我會直接從你身邊走開。」自知理虧，他馬上軟下態度。「好，這次是我不好，保證絕對沒有下次，別生氣了。好不好？」

她不回答，知道他已經退一步，話鋒一轉。「我想喝現榨果汁。」

「遵旨！」他對她露出大大的微笑。「話說回來，妳想去士林夜市，還是通化街那邊？」「士林夜市好了，你不是喜歡吃那裡的雞排？」

把缺點變成迷人焦點

告訴他「計劃趕不上變化，變化趕不上老天爺的一句話」。
他居然還能冷冷飄來一句。
「那又怎樣？這樣就可以拿來當成懶惰不做計劃表的藉口嗎」？
氣得我當場說不出一句話來！

阿藍攤開雙手：我那個她，天真活潑，心地善良，看見路邊野貓野狗都想救，有幾次，她把自己錢包裡的錢通通花在路邊狗狗身上，吃了一整個月的泡麵，我看得心疼，掏出自己當月伙食費預算，陪她一起把飲食升等，從泡麵升格為餐餐陽春麵加蛋，有時候還不一定吃得起滷蛋。她完全不懂收支平衡、量入為出的概念。雖然如此，我還是愛她，除了陪她一起共患難，蹙眉，妳說，我還能怎麼辦？

小芙笑著聳肩：我那個他，頭腦嚴謹，邏輯太強，人生才剛剛活到二十八，年度計劃已經寫到六十八？

告訴他「計劃趕不上變化，變化趕不上老天爺的一句話」。他居然還能冷冷飄來一句。「那又怎樣？這樣就可以拿來當成懶惰不做計劃表的藉口嗎」？氣得我當場說不出一句話來！他活得硬梆梆，明明是男的，又不是格格，卻活得像在格子裡生存的人物。看他這麼理性的活著，我……我還能怎樣？誰叫我只有在看見他的時候，才有戀愛的感覺。

阿藍隨後補了一句：其實這樣也好，人的生活如果太過整齊劃一、萬無一失，好像也滿無趣的，馥眉，妳說是不是啊？

小芙隨後也補了一句：多虧了他，我才能繼續過自己隨心所欲的人生，阿藍是我最強而有力的後盾，因為有他，我才能開開心心做自己！偷偷告訴妳喔，其實啊，我心裡真的很感謝他。

這款男人，千萬別讓他給溜了

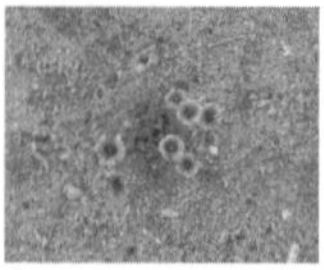

「今天如果換成是我，我也會這麼傷心喔。」沒反應。「……說不定會更傷心……更傷心喔……」她持續望著車窗外，像在喃喃自語般說著話。在不抱希望能聽到回應的時候，身後突然傳來他低沉穩定的嗓音——

剛從一個朋友那裡回來，若晨與耀良走在去取車的路上，兩人的影子被路燈拉起兩道長長的黑影。本來就很少話的耀良自顧自地走著，她跟在身邊，自己心裡有事正在想著，所以也沒開口說話，兩人一路無語，默默走到朋友住所附近的停車場。一重一輕的腳步聲在暗夜巷中擊響，若晨腦中揮之不去朋友枯槁的容貌，原本那是張就算靜靜的不動，都會隱隱發散出光芒的臉，如今竟然因關懷自己的男友離去，而多日滴水未進，要不是他們找來，恐怕——若晨不自覺輕嘆口氣，陪她一起過來照顧朋友的耀良察覺，濃眉皺了一下，隨即鬆開。坐上車，車身開過朋友樓下，灰濛濛的窗口一如朋友此刻的心情，若晨下意識又輕嘆了口氣，胸口梗了好多話，腦中千頭萬緒、情緒紛雜難以自己，突然，車內流洩出她最愛的音樂，是他為她放的……

她看向他平視車外的雙眼，緩緩開口。「耀良。」「嗯。」他隔了幾秒才回應。「耀良。」若晨又喊。「嗯？」這次音調提高了幾度。

她靜了一會兒沒說話，耀良趁紅燈快速瞄她一眼，還是那副悶悶不高興的模樣。他在心裡嘆口長氣時，若晨轉頭看向車窗外，輕輕發話：「今天如果換成是我，我也會這麼傷心喔。」「……說不定會更傷心……更傷心喔……」她持續望著車窗外，像在喃喃自語般說著話。

在不抱希望能聽到回應的時候，身後突然傳來他低沉穩定的嗓音。「嗯。」「……說不定還會哭喔……」若晨坐正身體，跟他並肩直視車窗外。「知道了。」耀良說話語氣有慎重的味道。她的眼珠子由右移到左邊，撇見他的嘴角正微微向上勾起。

擊退情敵的注視

「……看見對方時，只覺得她不過就是個平凡的女人，尋常的五官、一般般的身材、氣質也很像路人甲。」

說到這裡，德甄突然重重嘆了口氣。

「可是當立穩出現在她面前時，我就知道自己不可能了！」！

德甄喜歡立穩已經很久了，她在公司裡認識他的時候，就已經知道他身邊有個已經交往五年多的女朋友。她在等，等所謂的七年之癢發生，等他們的感情出現裂縫，等——自己能夠介入的那天到來。直到前一陣子，德甄在FB打上《我放棄了，我不等了，我不可能贏過那個》。不知所以然的朋友，在下頭回覆一長串的留言。《不要輕易放棄啊！妳到底在等什麼？那個究竟是哪個啊？》看出她沮喪的朋友，直接把她約出來聚餐。餐畢，經朋友詢問，德甄才緩緩開口：「以前雖然知道立穩有個交往多年的女朋友，但一直未曾真正碰過面，對我來說，這個女朋友只是人家口中的一個抽象人物，一個甚至連名字也沒有的存在，直到前幾天，她來公司找立穩……」

德甄的眼神一下子飄得好遠好遠，彷彿她的心也跟著隨之飄離此處，朋友們慢慢停下吃甜點的動作：「那時候我人剛好在總機小姐那裡，看見對方時，只覺得她不過就是個平凡的女人，尋常的五官、一般般的身材、氣質也很像路人甲。」

說到這裡，德甄突然重重嘆了口氣：「可是當立穩出現在她面前時，我就知道自己不可能了！」

眾人屏息，等著她接著說下去：「他們先在視線裡看到了對方，凝視著對方時，兩人同時緩緩笑開，那一瞬間，我看見那個女人全身都在閃閃發亮，好像本來沒通電的燈泡，突然被通了電似的。」

她又輕輕嘆口氣，臉上很快浮現出一抹釋然的微笑：「我覺得立穩大概沒有多餘的電力可以給我了，不過，值得慶幸的是，幸虧我還算發現的早……」

當他說：真是拿妳沒辦法！

平均每出去吃十次飯，約有九．五次都是吃火鍋，少峰從來就不是好說話的人，可是一遇上愛莉，他也只能常常搖頭，興嘆道。「真是拿妳沒辦法……」

愛莉是個很懂得為人設想的人，只要她願意，不管聚會裡有多少人，她都能一一照拂，讓人有種如沐春風的感覺，只要有她在，整個聚會絕無冷場，也無人會感覺自己被冷落。不過，善良又熱心助人的愛莉很愛臚，這是朋友間公開的秘密，連她本人心底也一清二楚！

但她，其實一點也不在意自己很愛臚的個性，而且從來沒想過要改。愛莉喜歡吃火鍋，雖然每次聚餐大家輪流找餐廳，常常變換菜色，但身為她的男朋友——少峰，可就沒這麼常常變換了。

很剛好的是，愛莉熱愛火鍋，少峰則喜歡吃牛排，兩人一起約會吃飯時，也不會爭別的，就在火鍋跟牛排之間各自為自己喜歡的食物站台，針鋒相對！平均每出去吃十次飯，約有九．五次都是吃火鍋，少峰從來就不是好說話的人，可是一遇上愛莉，他也只能常常搖頭，興嘆道。「真是拿妳沒辦法……」

對愛莉來說，這句話後頭的含意，遠遠比字面上單單幾個字來得更加窩心，因為這句後頭未說出口的話，其實還有很多、很多，像是——

我已經吃了那麼多次火鍋，偶爾也該換吃我愛的東西了吧？可是看著妳這麼堅持又期待，我的堅持跟喜好就這樣輕易簡單的不見了。

我知道妳又再跟我盧，可是我卻說不過妳，而我說不過妳，不是因為口才差，只是我的辯才無礙一到妳面前，通常只會退化成一句簡單提問。妳現在——想吃什麼？

享受吧！讓大笑燦爛愛情一整夜

對話內容雖早已忘記，不過，他們永遠也忘不掉當時甜蜜的氣氛，好像就算說了再蠢的話，都是暖心的話。現在容容回憶起那聊了一整夜的電話，嘴角邊都還掛著淡淡的微笑。

初熱戀時，容容跟男友柊德幾乎每晚睡前都會熱線至少一小時才睡。兩人平常都在上班，又時常加班，回到家中梳洗完，大多已經晚上十一點多左右，再熱線一小時，往往都要半夜快一點才能上床睡覺。照理說，應該是睡眠嚴重不足的一段時間，可是往後當他們回憶起這段熬夜聊電話的熱戀時期，不但沒有精神不佳，反而每天都精神奕奕，一早醒來便有想微笑的衝動。容容說，他們做過最瘋狂的一件事，就是通宵聊天到天泛白肚，甚至還繼續續攤！

大概是因為隔天放假，心情放鬆的緣故，那天晚上他們的話也就不知不覺多了起來，他們聊了整整一整夜，大約從晚上十二點開始熱線，原本窗外繁星點點，一輪月亮高掛在上頭，一直聊到天空漸漸沒那麼暗，甚至透出一層淡淡的亮光，直到屬於清晨的聲響開始在窗前活潑地動起來。

雖然他們聊了一整夜，可是事後卻完全想不起來他們到底聊了些什麼？只記得兩人邊說邊笑，整整一夜都停不下來，彷佛光是聽著對方的聲音這件事，就已經讓兩人都感到很幸福。對話內容雖早已忘記，不過，他們永遠也忘不掉當時甜蜜的氣氛，好像就算說了再蠢的話，都是暖心的話。

那天早上，柊德提議過來找容容一起去吃早餐，本來略帶半開玩笑的意思，沒想到容容竟想也不想一口答應，最後兩人居然真的相約共進早餐，然後柊德再把容容送回家。柊德回家後，打了通報平安的電話，兩人約定下次別再做這種燃燒肝臟的行為後，一起掛斷電話，同時攤在床上，轉眼即睡死過去。容容回憶起那荒謬的一夜和聊一整夜的電話時，嘴角邊都還掛著淡淡的微笑。

在他懷裡放肆的痛哭吧！

聽見男友溫厚的嗓音，她頹喪地癱軟在地，
雙手把臉整個包覆住，對著自己掌心，呼吸短而急促，
全身緊繃，眼神空洞，眼淚不斷從眼睛裡頭滑出來，無法停止——

歡歡的父親從年輕時便熱衷於玩股票，常常賠了錢，回到家後，便伸手跟母親要錢，母親若是不給，父親便會惡臉相向，甚至動手打人。母親獨力撫養著歡歡，一方面還要忍受丈夫動不動便揮過來的拳頭，老是妄想靠股票賺大錢的父親，慢慢的開始強迫母親向娘家伸手借錢，母親不肯，父親常常罵了幾句粗俗髒話後，開始朝母親扔來椅子跟拳頭。終於，母親在忍受充滿苦難的生活五年後，某天，身心俱疲的她徹底從他們父女的生活中完全消失！

母親走後，歡歡繼承了父親的拳頭，她咬牙忍到自己能出去工作後，才終於脫離父親的魔爪。後來，沒了暴力、獨立生活的歡歡，生活漸漸好轉，也認識了一些新朋友和總是對自己很溫柔的男朋友。雖然歡歡從未對人說出自己的過去，朋友與男友也跟給予尊重沒有逼問她，但每個人隱約都能感覺到歡歡眉宇間的淡淡悲傷，那是年輕時便經歷過痛苦折磨的痕跡，很難因生活轉好便消失不見。

日子就這樣過了六年，正當歡歡要跟男友論及婚嫁時，突然接到一通要她前往認屍的電話。在醫院看見父親遺體時，才得知父親後來成為流浪漢，終日無所事事，昨天清晨飲酒過量後，不慎被車撞死。歡歡望著父親，失神了好一會兒，男友始終不發一語，緊緊握住她肩膀，站在她身邊、以行動守護著歡歡。突然，過往記憶如潮逼向她，歡歡內心不斷積累的悲痛越來越強烈，幾乎快要令她窒息！

「歡歡？」男友緊緊抱住她突然癱軟的身子，望著她彷彿吸不到氧氣的模樣，溫柔且低沉地喊著她的名字。「歡歡，不要忍，想哭就哭出來，我會一直在妳身邊，一直在妳身邊⋯⋯」

聽見男友溫厚的嗓音，她頹喪地癱軟在地，雙手把臉整個包覆住，對著自己掌心，呼吸短而急促，全身緊繃，眼神空洞，眼淚從眼睛裡不斷滑出來，無法停止——

男友把她輕輕收攏進懷裡，感覺疲累不堪的自己正被人緊緊擁抱著，歡歡突然猛嚎了一聲，放聲大哭！在她身後，終於有個能——接住眼淚的擁抱。

幸福金鑰

§別光顧著贏另一個女人，卻輸掉自己的幸福！

§情感最深的交流，不在嘴唇，嘴唇是拿來親吻的，只有眼睛的凝視，才是情人真正用來互訴衷曲的感官。

【愛情配方】

沒說過我愛你，就不算真正活過

當這三個字從情人口中聽到時，依然能感動莫名。
現在這個世界上，真正能令人感動的事情不多了，
如果只是說出這短短三個字便能感動愛我們的人，何樂而不為呢？

我愛妳。有多少男人怕被人說太娘，太欠缺男子氣慨，終生不曾把這句話說出口過？我愛你。有多少女人礙於自尊、好強要臉，不管是親人，還是情人，到死也不曾對人說過這句話？

心底真正的感情，自己要能理清已經夠難；理清後，還要能對另一個當事人說出口，清楚表達明白，更是難上加難！畢竟這是兩顆心深層的交流，不是表面的禮尚往來，也並非社交上的完美辭令。

人在社會上待久了，學會説漂亮話，卻忘記怎麼説出真心話，這是多麼可惜的一件事。情到深處，一個默契眼神，一個會心微笑，都能讓人感應到情感正在彼此間大量交流著，如果這時候能再説上一句直指內心深處的愛語，必能令聽者更加動容！情人的話，不需要多，有時候幾個字説到心坎裡，便能叫人心窩一暖，頓時感動落淚。

人活著，赤裸來，又赤裸去。

跑龍套般上了戲台，又下戲台，匆匆活過這一遭，如果到頭來沒有為感情的事痛過、哭過、笑過、野過、放縱過、吃虧過，終日為了食衣住行育樂而忙，究竟所為為何？放在心裡的感情，沒有人能知道，就算彼此知道了，當這三個字從情人口中聽到時，依然能感動莫名。

現在這個世界上，真正能令人感動的事情不多了，如果只是説出這短短三個字便能感動愛我們的人，何樂而不為呢？

CHAPTER 6

結婚又怎樣?照樣浪漫ING!

婚姻裡的鹽巴

佩如手提著沉重的公事包，披星戴月，
心裡想著兩人可愛的溫馨小窩，
也想著現在一定正在廚房裡忙碌煮食的老公，
足下腳步不自覺越走越快、越走越急……

佩如老公是標準的公務員，每天上下班時間非常固定，佩如則是標準可憐的上班族，每天下班時間常常因臨時蹦出來的事而努力加班著。因為下班時間關係，老公一肩挑起晚餐煮食的工作，從一個未曾踏進廚房的人，開始慢慢摸索該怎麼料理一餐，一切甚至從——如何洗米煮飯開始！佩如本來有些擔心老公提議要負責做晚餐，只是一時興起，未料，老公這一煮便是整整五年，而且從未間斷過。

每天夜幕低垂時，愛唱歌的老公總是準時回家，一面輕哼著他最愛的新歌，一面為兩人準備營養滿分的晚餐。佩如手提著沉重的公事包，披星戴月，心裡想著兩人可愛的溫馨小窩，也想著現在一定正在廚房裡忙碌煮食的老公，足下腳步不自覺越走越快、越走越急……

她曾經提議過，他們可以一人負責一天晚餐，如果她回來晚了，來不及煮食便在外頭買些熱食回家，不管如何，他們終究還是可以一起坐在飯桌上吃飯。

不過老公不肯，總是嫌外頭做的哪有自己做得來的好，他能依照兩人喜歡的口味烹調，外頭買回來的食物固然美味，卻少了一點家的味道。佩如知道，老公所謂「家的味道」，其實就是煮食者的用心，能真正為了自己健康著想的人，家人絕對是第一首選。

一顆體貼的心與一雙不斷加快的步伐，這便是婚姻關係裡最經典的浪漫情節！

假日的雙人廚房

小靜尤其特別喜歡當自己把青椒吃完，
老公靠過來，在她額頭輕輕落下一個熱吻時開口說的那句
「老婆，謝謝妳」。
這，就是小靜每周最期待的甜蜜時光。

假日早晨的時光，空氣裡總是飄散著淡淡的慵懶氣味！睡到比平常更晚的時間起床，小靜最愛在放假日子睡到自然醒，睜開終於睡飽的眼睛，映入眼睛裡的除了亮燦燦的陽光之外，便是老公冒出些許鬍渣、性感滿分的睡臉。小靜總是持續賴床，直到老公也悠悠轉醒，兩人才會一起下床，稍微梳洗過後，一起鑽進廚房裡頭，為彼此準備假日豐盛的早午餐。空氣因子在陽光中閃動，他們專心洗滌食材、細心烹調，想著對方的飲食習慣小心調味。

一盤盤佳餚被端上桌，兩人一面烹飪，一面在廚房裡頭擦身而過，各自忙碌的兩人，時常在狹小廚房裡頭碰頭時，低頭、仰頭給對方一個小小的甜蜜之吻，沒有加蜜，每道菜卻都甜得不像話。坐在餐桌旁，兩個人，兩副筷子，不用碗，也不需要盤子，一口接著一口，慢慢分食著眼前所有佳餚。

「我不喜歡吃青椒，通通給妳。」「不行，別像個小孩一樣挑嘴。」小靜皺起眉頭，對老公搖搖頭。「那我吃一點，其他的妳要負責吃光光？」老公討價還價的無辜樣子，讓小靜很難狠下心來拒絕。「好啊，那紅蘿蔔就麻煩你囉！」小靜趁機把自己不愛的紅蘿蔔推給親親老公。

替對方把他不敢吃的食物，通通吃光光，感覺就像幫對方解決掉一個小難題，氣氛和樂又親密。小靜尤其特別喜歡當自己把青椒吃完，老公靠過來，在她額頭輕輕落下一個熱吻時開口說的那句「老婆，謝謝妳」。擠在廚房裡，一起烹飪、一起分食、把對方不喜歡的食物解決掉，是小靜每周最期待的甜蜜時光。照顧自己生命中最重要的家人，不僅僅只是一種責任，大多時候我們更能體察出家人間濃厚的溫情關懷。

幸福，其實常常都躲在那裡

眾人聽見，曖昧的眼神偷偷飄向雯雯老公。

「老婆，妳知不知道自己猜拳時有個習慣？」她老公苦笑了一下，緩緩發言。

「我猜拳時有習慣？」雯雯驚跳一下！

在老公坦白之前，雯雯真的從未發現過這件事——在雯雯家，家事是屬於「星期天」的首要工作，為了公平起見，每個星期天她都會與老公用猜拳的方式決定誰應該做哪些家事。所有工作包括：掃地、拖地、擦桌椅、洗衣、清理冰箱、打掃廁所，幾次打掃下來，雯雯發現每次在掃地和拖地時最為痛苦，天生鼻子過敏，掃地時她得帶上口罩，僅管如此，自己依然噴嚏打個不停，拖地更慘，沉重的拖把總是把她折騰個半死！但講求所有事情都要公平的雯雯，什麼也沒說，每個周日和老公吃完早餐後，兩人便開始猜拳，決定當天誰應該負責哪些家事。說也奇怪，雖說是用猜拳的方式決定家事，可是每次猜拳下來，工作總是能分配得剛剛好。應該是巧合吧？雯雯總是這樣想。直到有天他們和朋友吃飯，當大家討論起怎麼分配家事時，她才提出自己心中困惑很久的問題。

「像我們都用猜拳的方式，每次分配工作都可以剛剛好一人一半，你們要不要也試試看，真的很神奇！」眾人一聽，馬上七嘴八舌討論用猜拳的方式決定家務，只會把事情變得更麻煩而已。聞言，雯雯馬上強調：「真的很好用！像我們每次猜拳，不但工作都可以剛好一人一半，而且每次我都可以躲過我最討厭的掃地跟拖地，只要在猜拳的時候贏他就好了。」

眾人聽見，曖昧的眼神偷偷飄向雯雯老公。她老公苦笑了一下，緩緩發言：「老婆，妳知不知道自己猜拳時有個習慣？」「我猜拳時有習慣？」雯雯驚跳一下！「嗯，妳總是會乖乖的照順序出手，剪刀、石頭，然後一定是布。」她聽了，詫異的微微張大嘴！如果自己猜拳這麼遜，那麼自己可以在掃地跟拖地項目每次都贏他，難道是他──雯雯看眼眾人已有所了解的微笑，心頭頓暖，一抹紅暈悄悄浮上雙頰。

平凡的婚姻，不平庸的愛情

愛情中，沒有所謂固定的形式，絢爛之後終歸平凡。
比起絢爛的感動，
平凡中的小小感動往往更能打動平常因忙碌而逐漸僵硬的心！

德真喜歡穿上燙得筆挺的衣物上班，她總說，那會讓她覺得自己一整天都很有精神！另外，為了健康，儘管她是「早上時間總是不夠用」的通勤上班族，依然希望自己能吃過早餐再出門。不過，以上只是她對自己的「新年期許」，每一年她都會寫在筆記本中，用來提醒自己記得要做到的事。可惜的是，跟大多數人一樣，之所以每年都寫，是因為她每一年都還沒做到這點。直到德真結婚後，在一次偶然聊天裡，赫然發現老公居然和自己有一樣的想法跟希望？於是，兩人決定開始攜手合作！

老公動作快，他負責做早餐，德真比較細心，便負責燙挺衣物。每天早上，德真燙好兩人當日要穿的衣服，走出房門，看著在小小廚房裡忙碌的高大身影，心裡頭總會一次又一次滑過一股暖流。這個男人不只是站在那裡，手中為她等會兒要吃的東西忙碌著，心裡想著她個人的飲食習慣，一心為她……

在他們的房子裡，他們在彼此心裡，這個男人，是她的老公。每次想起這點，德真心裡便覺得好踏實、好幸福，總覺得自己已經擁有全世界最棒的一切！老公知道女人喝冰的東西對身體不好，煮早餐時，第一個動作總會先把牛奶倒到杯子裡退冰；知道她喜歡吃熱熱酥酥的吐司，總會在她坐上半開放式廚房旁的椅子上時，才把麵包機按下去烤。一點一滴的小小體貼舉動，像一小筆存款，慢慢存入兩人的「婚姻甜蜜存款簿」。

「快點吃，在發呆嗎？」老公有時候會在她頭上輕輕敲上一記，微笑著提醒她快點吃早餐。德真總會以一個早晨的臉頰親吻當作回應，等老公吃完早餐回房換衣服時，她會利用時間將碗盤清洗乾淨，然後兩人一起出門，為他們的家共同努力著。愛情中，沒有所謂固定的形式，平凡中的小小感動往往更能打動平常因忙碌而逐漸僵硬的心！

老婆，今天「我愛妳」了沒？

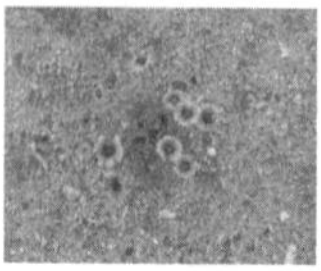

話才剛說完，筱芸便做了一個令大家一頭霧水的舉動。
只見她把手機放到攏起的肚子上，
停了一會兒，大家拼命用眼神問她：妳在幹嘛啊？

筱芸與老公剛結婚兩年。某天，在筱芸懷孕六個月時，大家約出來吃飯聊天，飯才剛吃到一半，筱芸就接到老公打來「關心」的電話：「我正在跟朋友吃飯，怎麼了嗎？」

筱芸困惑地問，不曉得她家老公在電話裡說了些什麼，她臉色突然一紅，小心壓低音量回答：「有，有，今天早上起床的時候你就說過了，還有出門上班前你也有說過一次。真的，今天你真的有說過。什麼？嗯，這個好像沒有，今天你起床有點遲，好像忘了——好，你等一下。」

話才剛說完，筱芸便做了一個令大家一頭霧水的舉動。只見她把手機放到攏起的肚子上，停了一會兒，大家拼命用眼神問她：妳在幹嘛啊？筱芸聳聳肩，用唇語對大家說：等一下告訴你們。幾秒鐘後，她把手機重新拿到耳邊。「你跟她說完了嗎？嗯，我知道，我自己會小心，晚上等你回家後見，你自己也要小心喔。」

掛斷電話，筱芸把手機放進包包裡後，一手摸著肚皮，一臉抱歉卻甜蜜滿分地看著大家說。「是我老公，他堅持每天一定要對我跟寶寶說『我愛妳』，從我們結婚以來，他從沒間斷過，連對寶寶也是，自檢查確認有寶寶以後，他天天都會貼著我的肚皮，跟寶寶說『寶寶，我愛妳，爸爸愛妳喔』！」

眾人一聽，全都不免跟著偷偷臉紅起來，一個朋友笑出來，有點羨慕的對筱芸說：「妳老公真是難得，不過，說真的，一般男人都不太喜歡說這種話，總覺得怪彆扭的，妳老公好像跟別人不太一樣？」

「是啊，老公他總說如果心中有愛，就應該大聲說出來，一定要清楚傳達給對方知道才行，這樣他才比較安心，確定對方真的知道自己心底的感情。」筱芸幸福笑開。

誰說「老夫老妻」便不需要噁心肉麻表達自己內心的情感？從不對彼此說聲「我愛妳／我愛你」，也不從親吻對方，更別提偶爾來個親密的抱抱，對方要怎麼知道彼此藏在內心深處的感情呢？

幸福金鑰

§別把親愛的她／他，當成空氣或是傢俱，因為這樣做損失最大的人，其實是我們自己。

§永遠別說「你知道就好」，有時候「知道」跟「聽到」根本是南轅北轍的兩回事！

老公把自己變成另外一個小孩！？

某天，她走進寶寶的房間，想要提醒老公該上床睡覺時，竟赫然聽見老公手中拿著文件，正在一條條念給小寶寶聽……無意間撞見這一幕的筱芸，差點當場昏倒！

自從生了寶寶後，筱芸最喜歡看著老公跟孩子一起玩的樣子，在孩子還很小的時候，老公習慣在每晚睡前，跑到寶寶的搖籃旁，伸出食指，輕輕點著寶寶肥嫩小臉幾下，然後自顧自地笑著。等寶寶稍微長大一點之後，他又忙著到處打聽要給寶寶聽什麼音樂、學哪些科目，更叫筱芸跌破眼鏡的是——老公真的會照辦，簡直比他自己在念書時期還要用功！

聽著莫札特音樂的寶寶，總是會莫名其妙笑得很開心，老公這時候便會興奮低喊：

「寶寶聽得懂耶，寶寶是音樂家！」

筱芸表面上什麼也沒說，不過心裡總想著：最好是這樣啦。除了音樂，老公還特別喜歡給寶寶唸床邊故事，寶寶連坐都還不會時，已經擁有三十多本兒童繪本。後來，有一陣子老公的工作量突然加重，必須把未處理完的工作帶回家繼續處理，他自己連吃飯、睡覺都快沒時間，居然還堅持要給寶寶念故事？筱芸讓老公自己做決定，某天，她走進寶寶的房間，想要提醒老公該上床睡覺時，竟赫然聽見老公手中拿著文件，正在一條條念給小寶寶聽……

無意間撞見這一幕的筱芸，差點當場昏倒！等寶寶漸漸長大了，會坐也會走時，老公常常跟孩子一起坐在地上，兩人中間擺了許多各式各樣的玩具，連一項遊戲規則都沒有的他們，竟然還能玩得很開心？突然，老公不小心打了個噴嚏，小寶寶被他嚇了一跳，猛然瞪大雙眼，老公連忙把小孩抱進懷裡，輕聲安撫，以為自己嚇到孩子了。

未料，孩子也忽地打了個噴嚏！老公嚇到，以為孩子生病了，接著，孩子又打了一個噴嚏，然後拍著手，傻乎乎笑了起來。老公一手抱著孩子，一手搔搔後腦袋，知道孩子只是在模仿他，不是真的生病，才放心的跟著孩子笑。

陪孩子玩的老公看起來真的很帥。筱芸靜靜看著老公與孩子的互動，就算什麼事也不做，心裡頭也總是被暖暖的感動輕輕包圍……

幸福金鑰

§ 生活中真正的感動，從來都不誇張。

§ 別讓現實生活中的瑣碎事務，吸光兩人最初的那份悸動。

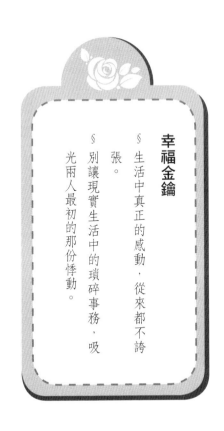

結婚紀念日，不是拿來忘記的！

特別節日雖只是個數字跟日期，
但對於相愛的人說，
背後還有更重要的另一層意義：
親愛的，我愛妳，謝謝妳願意選擇與我共度這一生！

雯雯是個比較粗線條的女人，常常忘東忘西，健忘範圍包括身邊所有物品（像是鑰匙記事本手機）、所有待辦事項、每次從賣場回家時，總會突然發現購物清單上的東西至少漏買一項以上。最後，還有生命中每一個重要的節日，她也常常忘記。不曉得是不是互補的關係，她的老公總會仔細記得每一個節日、紀念日、生日，常常送上一些令她驚喜萬分的小禮物。

有一次很誇張，雯雯在上班時，發現自己包包裡放了一個小禮物，想當然耳，這一定是老公送的，只是、老實說——她不太清楚這個禮物是為了慶祝什麼？會不會是一時興起突然「想送就送」的禮物？湊巧，那天她媽媽打電話過來，她順口提及，媽媽聽了沉默數秒後，反問她一句：「今天不是妳結婚的日子嗎？」

聞言，雯雯才猛然恍然大悟！先收到禮物的她，當天下午突然「有點肚子痛」，自進公司以來第一次準時下班的她，馬上衝回家，利用冰箱裡頭的現有食材，火速做了一桌子簡單的菜餚，然後瘋狂點上浪漫的白色蠟燭、在音響裡頭放進一片兩人都很愛的音樂、拿出自己平常都很捨不得用的香水，把家裡到處都噴得香香的。突然，陷入緊張狀態的雯雯，聽見疑似老公轉動鑰匙的聲響？二話不說，她立刻飛奔到門前，等老公一開門進來，張開雙臂纏上他脖子，率先奉送上香吻一枚！

「原來妳記得。」老公一開始有點被她的熱情嚇到，等反應過來後，深情注視著她，溫柔地笑開。雯雯心虛了一下，連忙笑燦開來，聰明的只笑不答，雙手牽著他的手拉往餐廳方向移動。

「你肚子餓不餓？我煮了一些東西，還有弄了你最愛吃的魚排喔。」

那天晚上，老公在坐下來享用大餐之前，突然用力抓住她手臂，將她拉進懷裡，低頭就是一記火辣辣的親吻。從老公這個小小激動的舉動裡，雯雯突然明白老公有多看重這些屬於兩人的特殊日子。

被老公吻著的同時，她心裡有個聲音正在小小聲說：「老公，謝謝你，還有……我好愛你。」

特別節日雖只是個數字跟日期，但對於相愛的人說，背後還有更重要的另一層意義：親愛的，我愛妳，謝謝妳願意選擇與我共度這一生。

雙向的甜蜜負擔就叫幸福

能夠全心全意為一個人著想、
為對方心疼、想盡全力照顧對方，心底這種暖暖的熱流就叫作：
甜蜜的負擔。
當「甜蜜的負擔」是雙向時，這就叫「幸福」！

佳佳的老公是個油漆工人，每天一大早外出工作，晚上回家時，全身時常沾滿東一塊、西一塊的油漆，她看在眼裡，心裡總是會浮現出淡淡的不捨。「老公說當油漆工人要趁年輕時多賺點，等以後老了，手腳比較不靈活，速度變慢了，有工作老闆也不一定會叫上你。」佳佳說這些話時，臉上的微笑裡有一股心疼。

自從佳佳又生下老二後，老公出門的時間越來越早，回來的時間越來越晚，有時候假日還會去開計程車兼差，原本高高黑黑的一個男人，才經過幾年時間，背部竟有些駝了？佳佳不只一次表明自己也想外出工作，老公總是阻止她，說是怕小孩讓別人照顧，自己心裡不能放心，但她心裡知道，老公是捨不得她出去工作，怕她在外頭受委屈。

看著每天晚歸的丈夫，佳佳心裡又急又氣，老怪自己不能幫老公多分攤一點重擔。為了照顧老公的身體，鮮少看書的佳佳竟開始研究起食補，常常燉些養氣補神的補品，裝在保溫瓶裡，讓老公帶去上班時可以喝。

老公下班後，也常趁兩人看電視的時間，幫他捏捏僵硬不已的肩膀，鼓起勇氣貼近他耳邊說：「老公，辛苦了，謝謝你……」

然後，佳佳就會看見老公尷尬地拍拍後腦，黝黑臉頰浮現出淡淡紅暈，吶吶回應了一聲：「喔。」能夠全心全意為一個人著想、為對方心疼、盡全力照顧對方，心底這種暖暖的熱流就叫作：甜蜜的負擔。當「甜蜜的負擔」是雙向時，這就叫「幸福」！

他總是忘了照顧自己

聽見老公的話，她噗哧一聲笑開來，幸福地開口說道。
「他總是只記得我的事，卻老忘了也要順便照顧一下自己。」
馨怡常對身邊朋友說，她有自信，
自己絕對會愛這個男人一輩子的時間。

馨怡不常跟老公去餐廳吃飯，對於還在拼命存錢付房貸的他們來說，與其外出用餐，遠遠不如待在家裡享受兩人世界，自己烹飪料多實在又好滋味，不怕哪道菜太酸了一點、哪道菜又偏鹹了一些。話雖如此，但人都有犯懶的時候，他們偶爾還是會在假日時，相約一起到外頭輕輕鬆鬆吃個飯，讓那個假日不用洗洗切切、蒸煮炒炸一番！老公喜歡吃合菜，無論是泰式、中式，都免不了會端上一盤盤佳餚、熱湯、白飯。

馨怡吃飯速度本來就慢，再加上自己吃不得燙的「貓舌頭」，往往一餐飯吃下來都得花去不少時間。她總是吃著飯，夾著眼前幾道菜配著吃，對於放離自己比較遠的那幾道菜鮮少碰，在兩人交往初時，老公就知道她的這個毛病，剛開始時會幫她夾菜，後來則是把她愛吃的那幾道菜移到她面前，讓她吃得更開心。

此外，老公還養成一個習慣，每次服務生一端上熱湯，他便會先幫她舀好一碗，放到馨怡面前，等她飯吃完，湯大概也剛好轉溫，入口正好！某天，他們又外出用餐，老公吃完飯，正要喝湯時才赫然發現桌面上竟只有一只碗。餐廳老闆替他拿碗過來時，看見桌面上有一碗早就盛好待涼的湯，笑著問：「你剛剛盛湯的時候，怎麼沒順便發現少了一個？」

「那碗是給她的，她那條得了公主病的舌頭不行吃太燙的東西，我只記得一定要給她弄碗等一下她可以喝的，沒注意太多其他的，所以沒察覺到。」他回答，含蓄地笑著。聽見老公的話，她噗哧一聲笑開來，幸福地開口說道：「他總是只記得我的事，卻老忘了也要順便照顧一下自己。」馨怡常對身邊朋友說，她有自信，自己絕對會愛這個男人一輩子的時間。

【愛情配方】

墳墓，還是蝴蝶？

毛毛蟲已死，不過牠並不是真的死亡，
而是蛻變成另一種更美形式——翩翩飛舞的蝴蝶。
我們不會說蝴蝶是毛毛蟲的一種死亡形象，不是嗎？

婚姻結束的是戀愛關係，而非浪漫關係！很多人會說：婚姻是戀愛的墳墓。這句話往往讓聽者心頭為之狠狠一震，好像屬於自己某一部份很重要的東西，即將死去般令人發顫。這類話還有另外一個經典代表之作：婚姻是愛情的墳墓。看看上頭這兩句話，令人不禁狐疑，為什麼婚姻總是跟墳墓如此息息相關？令聽者實在忍不住心有戚戚焉。不過，如果我們能靜下心來，好好解讀這兩句話，會發現我們不過是被墳墓兩個字嚇到而已，婚姻本身其實並不可怕。

先從「婚姻是愛情的墳墓」說起，換作馥眉來說，婚姻當然「必須是」愛情的墳墓，愛情可以是任性的、隨性的、充滿轟轟烈烈的氛圍，但婚姻跟愛情不同，一旦愛情發展成為婚姻，便加入許多責任、承諾、忠誠。婚姻自當必然成為愛情的墳墓，不過取而代之的是比愛情更為緊密連結的家人感情。與其說是墳墓，倒不如說是一種蛻變，如果硬要打個比喻，愛情便如同毛毛蟲，而婚姻則是經過蛻變後的蝴蝶。毛毛蟲已死，不過牠並不是真的死亡，而是蛻變成另一種更美的形式——翩翩飛舞的蝴蝶。我們不會說蝴蝶是毛毛蟲的一種死亡形象，不是嗎？我們只會說：哇，毛毛蟲終於經過一番成長，努力蛻變成美麗的蝴蝶。

再來談談「婚姻是戀愛的墳墓」這句話。很多人以為浪漫是「戀愛下的產物」，好像只要一結婚，戀愛時的浪漫感覺便會跟著消失無蹤。如果說戀愛時的浪漫，有時候僅靠一個眼神便能產生，那麼進入婚姻後的浪漫，則必須靠長時間的用心經營。不過，就算在戀愛中，許多時候的浪漫也必須靠用心安排、營造氣氛而來，浪漫從來就不是渾然天成、俯拾即是的產物，這一點，不管是戀愛中或是進入婚姻裡，差別其實不大。浪不浪漫與感情階段無關，只有「用心」與否二字而已。不是嗎？

Postscript
後記

後記

二十歲的浪漫，渴望的是多一點的驚奇與驚喜！
三十歲的浪漫，期盼的是濃一點的溫柔與溫存——
四十歲的浪漫，承受的是重一點的負責與負擔。
五十歲的浪漫，享受的是深一點的體諒與體貼……

年輕時，對浪漫的憧憬是直接的、熱情的、強烈的、充滿衝擊的爆炸快感，就像閃電毫無預警劈過天際般，如此突然、爆烈、充滿想像又令人難以忘懷。這時候我們想要獲得的是絢爛且激昂的，彷彿不甘心自己的青春就在無聲無息中涓滴流逝而去。

尤其在這個什麼東西都快速、大量、密集喜歡，再集體忘記的時代裡，我們祈禱自己能被強而有力的感動沖刷過所有感官，不一定非得要昂貴禮物才能令人感動，有時候對方做了一件傻事，反而更能深植進我們記憶之中！

隨著時間過去，慢慢的，我們逐漸成熟了，也懂得承擔更多的責任，於是浪漫也逐漸轉變了自己的容貌，不再充滿外在感官的震撼，反而轉向內求，細細體悟由內而發的淡淡感動。

這時候對對浪漫的想像是暗藏的、溫情的、內心潮動、充滿騷動不安的澎湃情感，宛如荷花本來就開在水池之中般，如此靜默、需仔細看察才能有所得，情意綿綿，無限雋永。

浪漫的模式不是一直都是同一個樣貌的。

它會隨著許多事物變化，包括不同的文化、不同的時空背景、不同的年齡階段……而產生差異。

最後，祝福每一位拿起這本書的每一個人，都能擁有豐富、多變、內力深厚的浪漫愛情！

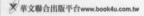

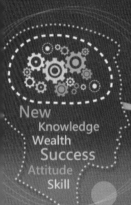